WORLD EDUCATIONAL STANDARDS for TEENS

LAW for BEGINNERS

日本語版監修
山本龍彦

翻訳
川野太郎

世界基準の教養 for ティーンズ
はじめての法律

それでは開廷(かいてい)します

傍聴席(ぼうちょうせき)のみなさん、
居眠(いねむ)りせずにぜひ最後まで
行方(ゆくえ)を見守ってくださいね

JN223336

文 ララ・ブライアン + ローズ・ホール
絵 アンナ・ハーディ + ミゲル・ブストス

河出書房新社

目 次

法って何？ 4

なんで法がいるの？ 6

法の働きって？ 8

正しいこと、間違っていること 10

白か黒ではない 12

第①章 刑法 15

不運な事故なのか、それとも重大な犯罪なのか？
逮捕から裁判まで、そしてその先に続く話を読んで、
何が起こって、だれが巻きこまれたのかを見てみよう。

第②章 民法 31

法の多くは、犯罪や刑罰とは関係がない。
むしろ争いを解決したり、みんながお互いに公平にふるまったり、
接したりすることができるようにするものなんだ。これが「民法」だ。

第③章 法の作りかた 43

昔、法は、絶対的な力を持ったリーダーたちによって作られていた。
今では、ほとんどの法は選挙で選ばれた政治家が作っている。
そして、彼らも従わなくてはいけない様々なルールもあるんだ。

第④章 国境を越える法 61

世界全体が従わなくてはいけない法はあるんだろうか？
それはどうやって作られて、人々はどんなふうにそれに従っているのかな？

第 ⑤ 章　人権　77

何よりも大切ないくつかの法、もしくは権利があるから、すべての人が
確実に、安全で、健康で、平等な機会に恵まれた生活を送れる。
でも、実際にその通りになっているだろうか?

第 ⑥ 章　正義　89

正義は、公平さのことだ。そして公平さこそ、法の本質のはずだよね。
でも法それ自体は公平だろうか?
その法を運用している仕組みはどうだろう——公平なものかな?

第 ⑦ 章　大きな疑問　103

法について考えると、簡単に答えが出ないような
疑問がよく出てくる。いくつかの議論を読んで、
自分の考えが決められるかどうか、確かめてみよう。

第 ⑧ 章　つぎはどうする?　115

君はどうする?　弁護士や、議員や、法の執行者になる?

用語集　125　　　さくいん　126

日本語版読者のみなさんへ

　人生はゲームのようなものだ。

　この人生という、1回限りのゲームを思う存分楽しむには、その「ルール」を知っておく必要があるだろう。もちろん「ルール」には様々なものがあるが、中でも最も重要なものが「法律」だ。だとすれば、「法律」を知り、学ぶことは、人生というゲームをより楽しむための近道となる!

　この法律の学習……。ぶ厚い「六法全書」に収録されている法律を黙々と読み、たくさんの条文を暗記するとても憂鬱なものと考えている読者も多いだろう。答えは「No」だ。法律の学習とは、条文の背景にある目的を理解し、その意味について皆とディスカッションしながら考えていくオープンなプロセスである。必要なのは「暗記」ではなく、創造性や主体性であり、何より、周りとのコミュニケーションである。この本は、単に条文を並べただけのものではない。法の目的をきちんと教えてくれるし、ディスカッションのための具体的なネタにも事欠かない。何とも優れた入門書ではないか。イラストも凝っていて、法律を学習する楽しさも実感させてくれるだろう。ぜひこの本を手に取って、人生というゲームの達人になってほしい!

山本龍彦

法って何？

法、もしくは法律は、たくさんの人間の集まりがどのように行動すべきかを定めたルールのことで、その範囲は、国全体にわたることが多い。
法は、家庭や学校でのルールと少し似ているけれど、より重大で、公式なものだ。

どなったり学校の廊下を走ったりすることはルール違反かもしれないけれど、違法ではない。
ほとんどの場所で違法とされていることには、次のようなものがある。

単純に、グループの中で一番力のある人がルールを作ることもある。
でもふつう、ルールは慎重な手続きをへて決められる。

法を決める手続きは、もっと正式なものだ。
法は、その国で権力を持つ立場の人たちが作る。わかりやすいのは、政治家だ。

ルールや法を破った人にはそれなりの結果があるので、人はそのルールや法を守る。
ディープデール・スクールでは、このような感じだ。

違法の結果は、
放課後の居残りよりも重いものだ。
人々は**刑罰**と呼ばれる罰を与えられる。
その中にはこんなものがある――

警察や裁判官のような公務員は、
だれかが法を破った時に
罰を与えることができる。

罰金――政府に
お金を支払う

刑務所に拘束される

社会奉仕
――地域社会のために
無償で働く

自由と安全のバランスをとる

ほとんどの地域で、公共の場で抗議する自由が法で定められている。この自由は君の持つ**権利**の一つで、法によって与えられているものだ。権利については第5章で詳しく説明しているよ。

でも、人は好きなことを自由に何でも言っていいわけじゃない。多くの地域では、だれかを傷つけることをうながすようなことを言うのは違法だ。

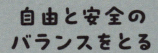

約束を守らせる

契約とは正式な取り決めのことだ。たいていは書面という形で、人々がこれからすることを約束する。契約には、その人が何をすべきなのか、もし契約を破ったらどうなるのかが、はっきりと記されている。

法の働きって？

法とは、ちょっとした口論から殺人まで、様々な問題をできるだけ公正なやりかたで解決するためのものだ。このやりかたをうまく機能させるための方法のいくつかは、何千年も前に発見された。

裁判所へ行く

人は自分たちだけで争いを解決するかわりに、その問題を**裁判所**に持ちこむことができる。裁判所は、法をどのように当てはめるかを決めるために集まった人たちのことであり、その人たちが集まる場所の名前でもある。今わかっている最古の裁判所は、約5000年前の古代エジプトにあった。

法を書きとめる

法が書き記されていれば、だれかが自分たちの利益のためだけに勝手にルールを作るのが難しくなる。今までに発見された最古の文字で記された法は、およそ4000年前の古代メソポタミア（現在のイラク）のものだ。

弁護士に相談する

法や裁判所に従うのは厄介なことだ。そこで弁護士——人々に助言を与えて、代わりに裁判所に立つための訓練を受けた専門家——の出番だ。最初の弁護士はおよそ2000年前の古代ローマで活動していた。

証拠を見つける

裁判所は、なんの手がかりもなしにだれかを
有罪にすることはできない。その罪を証明する
証拠を確認する必要があるんだ——そして、
その証拠を提出するかどうかは告発した人しだいだ。
この考えかたは「無罪推定（有罪が証明されるまでは
無罪と判断されること）」と呼ばれ、
古代ローマの法にはすでにあったものだ。

公正に裁く

裁判所の責任者として、事件が法に従って
処理されることを確認する人を**裁判官**という。
適切な仕事をするために、裁判官は
お金や権力者に判断を左右されてはいけない。

18世紀までのイギリスでは、
王や女王は自分が納得できない裁判官を
解雇することができた。

正義

裁判所に行き、法を書き記し、証拠を見つける
——これらの行動の目的は、正義を実現することだ。

これは正義の女神。彼女は何世紀にもわたって、
正義とは何かを説明するために使われてきたシンボルだ。

正義の女神の意味はこうだ：
◎目隠しは、裕福であっても貧しくても、
　権力者であっても弱者でも、だれもが法によって
　同じように扱われるべきだということを示す。
◎天秤は、争っている両方の立場の証拠を
　公平に評価しなければならないことを示す。
◎剣は、法が罰することも守ることもできることを示す。

天秤

正しいこと、間違っていること

法の根っこには、何が正しく何が間違っているか——別の言いかたをすれば**道徳的**か**不道徳的**か——ということへのはっきりした感覚がある、と多くの人は思っている。でも多くの場合、法はそれほど単純なものではない。例えば、以下のような状況はすべて違法か、昔は違法だった。でも、君はこれらがすべて不道徳だと思うだろうか？

強盗

紫の服を着る

殺人

日曜日の商取引

間違った場所への駐車

ほとんどの人は、窃盗や殺人といったいくつかのことは不道徳であり、違法であるべきだと思う。
でも、必ずしも不道徳とは言えないような違法行為もたくさんある。ある行為が違法である理由は、他にもいろいろあるんだ。

権力を持っている者が違法だと言っただけで、違法になった行いもある。

16世紀のイギリスでは、エリザベス1世が「王族以外は紫色を着てはならない」という法を発布した。

あなたたちに紫は与えられない！

これらの例の中には、同意できないものもあるかもしれない。法は全世界共通のものではないんだ——ある国では違法でも、別の国ではまったく問題ないとみなされるかもしれない。

間違っていたことが正しいことに変わる

何が正しくて間違っているかについての人々の考えかたは、時代とともに変化する。ということは、法も同じように変化するんだ。

権力を持つ人たちを説得して、法を改正したり新しい法を制定したりするには、時間がかかることがある。それについては第3章で詳しく説明しよう。

白か黒ではない

窃盗のような特定の行為を違法とするのは簡単だと思えるかもしれない。
でも、人が自分のものではないものを取るのには様々な理由がある。
法は、このことを考慮した賢明なものでなければいけない。こんなふうに。

大切なのは言葉

法の文言は、まるでロボットが言っているように見えることがある。
それは、何が許されて何が許されないかをはっきりさせるために、言葉が慎重に選ばれているからだ。
そのせいで法がわかりにくくなることもある。
例えば、イギリスの窃盗についての法律はこうなっている：

> その人が窃盗罪に問われるのは、
> 彼ないし彼女が
> 他者の財産を永久に奪うのを意図して
> それを不正に私物化した場合である。

どういうことかわからない？
大丈夫、君だけじゃないよ！

「それ（財産）を不正に私物化する」とは、持ち主の許可を得ずに何かを取ること。

だから、友人のガレージからスケートボードを勝手に持ち出してはいけない——それは窃盗だ。

ピートは気にしないよ……。

でも、もし友達から許可をもらったことを証明できれば、それは窃盗ではない。

明日、スケートボードを貸してくれない？

うん、いいよ！ ガレージにあるよ。持っていって。

「永久に奪うのを意図する」とは、物を返すつもりがない、ということだ。

法のこの部分は、1960年代にある男がロンドンのナショナル・ギャラリーから絵画を持ち出した事件で重要な意味を持った。

その男は、絵を交渉の道具にして、ギャラリーに慈善事業への寄付をさせようとした。

14万ポンドを送れば、絵は返却される。

だがそれはうまくいかなかった。彼はけっきょく絵を返し、自分のしたことを認めた。

さあ、どうぞ。

裁判にかけられた時、彼は絵を自分のものにするつもりがなかったので、窃盗罪については**無罪**になった。でも額縁を返さなかったので、その額縁を盗んだ罪で3カ月間、刑務所に入ることになった。

人々が決める

言葉がどんなに正確でも、法にはいつも多少の解釈の余地がある。
なぜなら、現実に法を当てはめるのは人間だからだ。
人間は、その法をどれくらい厳しく当てはめるかを決める時、
裁判にかけられている人が置かれた状況を考えに含めるものだ。

例えば、どうしてもお腹が空いて食べ物を盗んだ人がいたら、どうすべきだと思う？

2019年のニューヨークで、お腹を空かせた女性が店から食べ物を盗み、警察に通報された。

↓

警察は彼女を逮捕する代わりに、食べ物の代金を支払った。

2016年のイタリアで、ホームレスの男性が店からチーズとソーセージを持ち去った。

↓

裁判所は、彼が飢えていたことを理由に窃盗罪は成立しないと判決を下した。

13

警察は
無実の人を
逮捕できるの?

なぜかつらを
かぶっている
裁判官がいるの?

裁判官や陪審員が
間違ったら
どうなるの?

保釈審問って
何?

そもそも、
どうして人は
犯罪者を罰するの?

第①章

刑法

重要な法律の多くは、人々や企業を危害から守るために作られている。
だれかがこれらの法律を破った場合、それは**犯罪**と呼ばれる。

犯罪が疑われた瞬間から、
様々な人たちが協力して事件の真相を突き止めようとする。
その中には**警察官、弁護士、裁判官、陪審員**などがいる。
彼らの仕事は、犯罪を犯した人が必ず罰せられるようにすることだ。

この章では、ある架空の犯罪の経過を追う。
物語の舞台はイギリスのニューカッスル。
ただし、他の国では細かい法律の仕組みが少し違うかもしれないから、
気をつけて。

疑い

犯罪が起こった時、ふつう最初に関わるのは警察官だ。
だれかが警察に通報することもあるし、
警察が自分で不審（ふしん）な点を発見することもある。

この人はタラク。
最近、宝くじで大金を当てたので、うきうきしている。

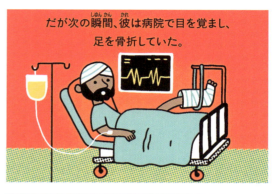

だが次の瞬間（しゅんかん）、彼（かれ）は病院で目を覚まし、
足を骨折していた。

警察官はタラクに、
タイヤが外れて車が道をそれ、
木に衝突（しょうとつ）したんだと伝える。

警察が車を調査すると、
タイヤと車をつなぐ4つのナットのうちの
3つがなくなっていた。

うーむ……
あやしいな。

手がかりを探す

警察は何者かがタラクの車に細工をしたと考え、**捜査（そうさ）を始めた**
——さらなる情報を探すために。
犯罪が行われたことを証明するかもしれない**証拠（しょうこ）**を集めるのだ。

警察は、
タラクの破損した車から
指紋（しもん）を探す。

地元の監視（かんし）カメラの
映像を見る。

タラクと恋人（こいびと）のエレイン、
そして同僚（どうりょう）に
事情聴取（ちょうしゅ）をする。

逮捕

警察は、エレインが宝くじの当籤金を得るために
タラクを殺そうとしたのではないかと疑い、
彼女を殺人未遂の罪で**逮捕**する。
エレインは警察署に連行され、事情聴取を録音される。

エレインを公正に扱うため、警察の行動にはルールがある。
警察は——

- 逮捕する正当な理由がなければいけない
- ここでの発言が裁判所で不利な証拠として使われる可能性がある、と彼女に伝えなければいけない
- 彼女が必要な時は医者の診察を受けさせなければいけない
- 質問された時、黙っていても良いことを彼女に伝えなければいけない
- 彼女に無料で弁護士に相談させなければいけない
- 彼女が求めれば電話をかけさせなければいけない
- なぜ逮捕されているかを伝えなければいけない
- 食事と水を定期的に提供しなければいけない

警察は裁判の前にも人を拘束できる(次のページを見てみよう)。
国や犯罪の内容にもよるけれど、ふつうは24時間か48時間で、それ以上になることもある。

正式に訴える

だれかが犯罪を犯した証拠があると警察官が考えた場合、次の段階ではその人を正式に訴追する。これを**告発**という。殺人未遂罪の場合、警察はまず**検察官**と呼ばれる政府の法律家を説得して、十分な証拠があると認めさせなければいけない。

→ 検察官

- エレイン・マリンズは恋人の車に細工をして殺そうとしました。殺人未遂で告発したいと思います。
- どんな証拠がありますか?
- 車から外れたタイヤに彼女の指紋がありました。
- それについて彼女は何と?
- 別の日に、空気圧をチェックするためにタイヤを触ったと言っています。
- 合理的な言い分かもしれませんね。他に彼女の情報は?
- ええと。これでぜんぶです。
- 申し訳ないが、それだけでは不十分です。彼女を起訴することができるのは、裁判で有罪になる現実的な可能性がある時だけです。そうでなければ、時間を無駄にするだけになりかねません。
- でも私の直感では、犯人は彼女です!
- もっと証拠が見つかったらまた連絡してください。
- そうしますよ!

← 警察官

検察官は政府に代わって仕事をする。イングランドとウェールズでは、ほとんどがイギリス検察庁(CPS)に属しているが、スコットランドと北アイルランドには別の制度がある。アメリカでは、検察官は**地区検事**と呼ばれている。

さて、つぎは？

警察官はエレインに不利な証拠をさらに見つけて、彼女を実際に起訴することになった。
犯罪で起訴された人は、場合によっては何度か裁判所に行き、事件に関する重要な質問に答える。
裁判所では、その人は**被告人**と呼ばれる。

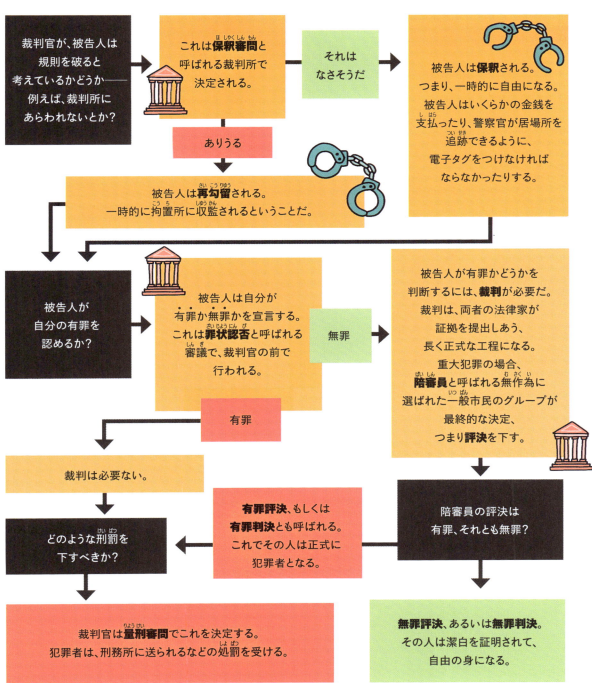

裁判の準備

エレインは殺人未遂で無罪を主張したので、裁判にかけられることになる。
理論上、エレインは裁判所で自分自身を弁護することができる。でも法律は複雑なので、そんなことをする人はめったにいない。エレインにとっては、**弁護人**に弁護を依頼した方が有利なんだ。裁判に関わってくる様々な人たちを紹介しよう。

検察官は、政府に代わって行動する。裁判では、エレインが有罪であることを主張する。

こちらはエレインの**弁護団**で、エレインが無罪であることを主張する。イギリスでは、裁判が始まる前に準備する弁護人を**事務弁護士**と呼ぶ。そして裁判所に立つ弁護人は**法廷弁護士**と呼ばれている。

多くの国では、同じ弁護人が両方の仕事をしているよ。

裁判の前に、どちらの側も**証拠**を集める。そして裁判に関係する情報を持っている人を見つける。彼らは**証人**だ。

彼らは検察側の証人だ。

タラク　　自動車の専門家

弁護側の証人はエレインだ。たいていは被告人が証人になるけれど、例外もある。

陪審員たちに、私がいかに善良な人間であるかを示さないと。

これが**裁判官**だ。裁判のあいだ、弁護側と検察側は一番説得力のある真相を提出するために競いあう。裁判官の役割は、両者がルールを守るようにすることだ。スポーツの試合における審判にちょっと似ている。

私の仕事の一つは、ある証拠が裁判所で通用するかどうかを判断することです。

ヨーロッパや南米の一部の地域では、**捜査判事**という特別な裁判官が、裁判の前に証拠を探し、証人に質問をする。

エレインはやったのか?

いよいよ**公判**だ。検察側はエレインが有罪であることを証明しようとする。
両者がそれぞれの証拠と証人を提示し、自分たちの言い分が真実であることを
陪審員に納得させようとする。陪審員は注意深く耳を傾ける。
検察側がエレインの有罪を証明したかどうかを判断しなければならないからだ。

これはイングランドとウェールズにおける重大犯罪の刑事裁判の様子だ。
他の地域では、人々は違う場所に座るかもしれないけれど、原則は変わらない。

一般に、刑事裁判は公に開かれている。
この公開が、裁判の公正さを保つのに役立つ。

タラク

証人席

一般聴衆

ジャーナリスト

裁判が終わりにさしかかると、
両方の弁護士は**最終弁論**という
陪審員へのスピーチを行う。

検察官

陪審員のみなさん、
これはエレインが欲望に突き動かされて行った、
冷酷な犯罪です。

事故の前、エレインはタラクに、
宝くじの当籤金を共同口座に移すよう説得しました。
タラクが死んだら、そのお金をもらうためにです。

エレインの
家族

事故の前夜、何者かがタラクの車についた4つのナットのうち3つを外しました。
ナットが1つしか残っていなかったため、タイヤが落ちてしまった。
車の専門家は、タラクが生きているのは運が良かったと言っています。

エレインが有罪であることは間違いありません。
彼女の指紋がタイヤと紛失したナットに付いていました。
ナットと同じ袋に入っていたサンドイッチにエレインの唾液の痕跡があったことは、
科学検査で証明されています。

彼女はタラクを殺すつもりだったのか?
その通り。事故の直前、彼女はインターネットで
"自動車死亡事故を起こす方法"を検索して、多くの記事を読んでいた。
その中に、タイヤのナットを外すことを勧めているものがあったのです。

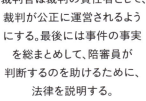

裁判官は裁判の責任者として、裁判が公正に運営されるようにする。最後には事件の事実を総まとめして、陪審員が判断するのを助けるために、法律を説明する。

かつら

イギリスやアフリカの一部の国では、弁護士や裁判官が裁判所に立つ時にかつらを着ける。
この起源は17世紀にさかのぼる。当時は裕福な人がかつらをかぶるのが流行っていた。流行は変わったけれど、裁判官や弁護士はかつらをかぶり続けた。
かつらが裁判所におごそかで正式な雰囲気を与えるという意見もある。

タラクかエレインの
どちらかが嘘をついているに違いない……。

書記官が決まったことを記録する。

陪審員は、18歳から75歳までの12名の一般市民で構成される。

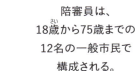

弁護士

陪審員のみなさん、これは恐ろしい犯罪ですが、エレインの犯行ではありません。

タラクが当籤金を共同口座に移したのは、カップルで休暇に使おうとしていたからです。ふたりのあいだのテキストメッセージがそれを示しています。

エレインの指紋が車のタイヤにあったのは、空気圧をチェックしたからです。

エレインは確かにサンドイッチをゴミ箱に入れましたが、同じ袋からナットが見つかったのは偶然です。

ネット記事については、エレインは疲れている時にネットでくだらないことを調べる人なのです。何の意味もない。その夜、彼女は猫が歌っている動画も閲覧したんですよ。

これらの理由から、エレインが有罪だと決めつけることはできません。防犯カメラの映像には、駐車場に入る他の人たちも数人、映っている。そのうちの一人が犯人なのであって、エレインではありません。

エレインは**被告人席**と呼ばれる奥のエリアに座っている。

← 被告人

被告人席

罪になる行為？ 罪になる心？

だれかが犯罪で有罪になるためには、2つの事実が証明されなければならない、と法律で定められている。その人が有害な行為を実際にやったという事実と、それをやった時に自分が何をしているのかわかっていたという事実だ。これらはラテン語で「犯罪行為」を意味する「actus reus」と、「犯罪意思」を意味する「mens rea」という言葉で知られている。

エレインの裁判の陪審員たちは、自分たちの決定、つまり**評決**について話し合っている。彼らは犯罪の様々な側面を話し合うことによって問題を解きほぐしていく。

行為

陪審員たちは裁判中に裁判官に言われたことを思い出す。

被告人が有罪であることを陪審員に納得させるかどうかは、検察官しだいです。

弁護側は、被告人の無罪を陪審員に納得させる必要はありません。検察側の主張が不十分であることを納得させるだけでいいのです。

陪審員は、被告人が有罪かどうかはっきり決められない場合、**必ず**無罪の評決を下さなければいけません。

これが重要なのは、犯罪の嫌疑をかけられた者は、**有罪が証明されるまで無罪であるとみなされる**からだ。

エレインはタラクを殺すつもりだったのか？

- エレインは彼を殺そうとしたんだと思う。宝くじの当籤金のためにね。
- タラクを怖がらせたかっただけで、殺すつもりはなかったんじゃない？
- でも、ふたりは休暇を計画していたんだよ。彼を殺すつもりなら、なぜ休暇を計画するの？
- 殺すつもりがなくても、彼が死ぬ可能性が高いことはわかっていたはずだよ。
- タイヤの脱落がものすごく危険なのは、まともな人ならだれでも知っているだろう！
- 彼女はインターネットで「自動車死亡事故」を検索してたよ。
- ブログ1つ読むだけで、彼女が彼を殺したかったという証拠になるとは思えない。
- でも、それは11個の別々のブログだったのよ。交通事故のブログを11個もぼんやり見るわけはないでしょ。
- その時は彼を殺す想像をしたけど、本当に殺したくはなかったとしたら？
- 途中で気が変わったのなら、彼に車を運転しないよう警告すべきだったでしょう。

陪審員たちは何時間も話し合い、全員で一つの決定を支持する。それが**全員一致の評決**だ。もし君がこの陪審員だったらどうする？

なぜ刑罰があるの？

エレインの裁判の陪審員は、彼女を殺人未遂で有罪と判断した。
彼女にどんな刑罰を下すかは裁判官しだいだ。でも、なぜ犯罪者に刑罰を科すのだろう？
この図は、刑罰には様々な種類があり、それを科す理由も様々であることを示している。

犯罪者を罰するため

犯罪者にしたくないことをさせるのは、彼らが他人に与えた傷に対する罰だ。
隣のページに示した紫色の内側の文章には、すべてに罰の要素が含まれている。

人を犯罪から遠ざけるため

刑罰の中には恐怖や不快感を与えるものがあり、それが犯罪を犯すのを思いとどまらせる。
例えば**罰金**や**刑務所への収監**がそうだ。一番極端なのは**死刑**、つまり罰として殺されることで、
日本や中国、サウジアラビア、アメリカの一部では今でも行われている
（死刑に反対している人はたくさんいる）。

すべての人の安全を守るため

刑罰の中には、危険な人物がこれ以上他人に危害を加えないようにするためのものもある。
これが、人を刑務所に閉じ込める理由の一つだ。危険性の低い人には**社会奉仕命令**が
与えられるかもしれない。この刑罰は、自由の身ではあるけれど、**保護観察官**と頻繁に会う
などの条件を満たさなければならない。

犯罪者の更生を助けるため

犯罪者が新しい技術を学んで、必要な時に助けを得ることができれば、再び犯罪を犯す可能性は
低くなるかもしれない。これは**更生**と呼ばれる。例えば、犯罪者は刑務所内で、
もしくは社会奉仕命令の一環として、怒りの感情をコントロールするための講義を受けるかもしれない。
あるいは、報酬のない仕事を通じて技術を身につける機会を与えられることもある。

犯した罪を償うため

刑罰の中には、犯罪者が引き起こした損害を自分で修復できるように作られているものもある。
例えば社会奉仕命令には、落書きを消すなどの、地域に利益をもたらす無報酬の仕事が
含まれることがある。また、犯罪者が被害者に金銭を支払わなければならない場合もあり、
これは**賠償**と呼ばれる。

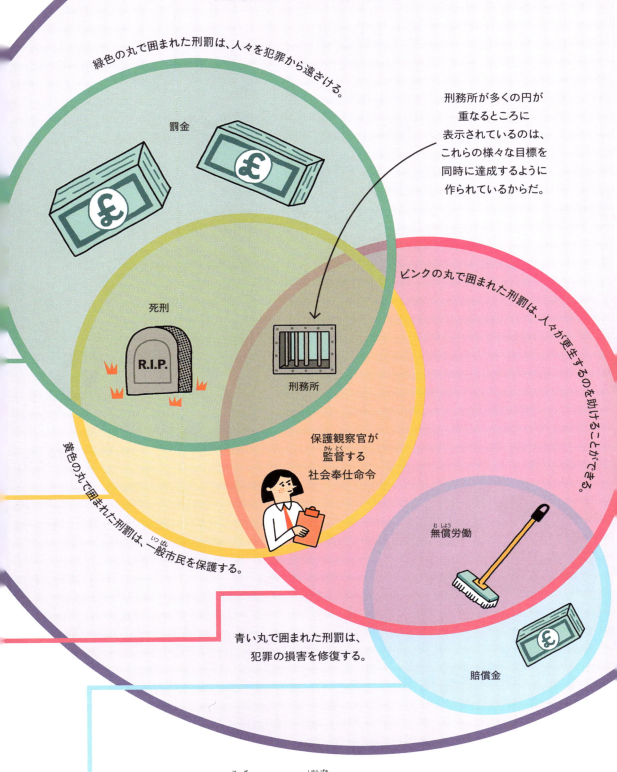

控訴する

有罪が決まると、多くの人が判決に**控訴**したいと考える。
これは、別の裁判所に自分の事案を検討してもらうことだ。
でも、控訴できるのは、最初の裁判で何か問題があったと思われる場合だけだ。
そんな例を見てみよう。

証拠の間違った取り扱い

エレインの事件で、僕はサンドイッチを彼女の唾液サンプルと同じ容器に入れて保管しました。なので、彼女の唾液が誤ってサンドイッチを汚染した可能性があります。

陪審員のミス

陪審員は、結論を出すまでは同じ陪審員以外の人と話してはいけないことになってる。でも私はインスタグラムでエレインに連絡して、彼女にやったかどうかを尋ねてしまったの……。

裁判官の間違い

事件の事実をまとめた時や、関連する法律を陪審員に説明した時に、間違いを犯したかもしれない。

弁護士の失敗

手間をおしんで、エレインの訴えをもっと強力にできるはずの証人に連絡を取らなかったんだ。

控訴裁判所と呼ばれる特別な裁判所が、最初の裁判に間違いがあったかどうか、そして、それらの間違いが裁判結果に違いをもたらしたかどうかを判断する。
控訴裁判所は、結論としてこのいずれかを言う——

- 誤りはなかった。評決はまだ有効である。
- 誤りはあったが、評決は変わらない。
- 大きな誤りがあり、評決は変更されるべきである。
- 大きな誤りがあり、**再審**と呼ばれる新しい裁判が必要である。

控訴に対するさらなる控訴

控訴裁判所の判決に対して、さらに控訴することもできる。
裁判所の名前は地域によって違うけれど、
どこの国にも一連の裁判所があり、
その重要性には順番がある。

一番重要：
最上級裁判所

重要性が中ほど：
控訴裁判所

重要性が一番低い：
第一審裁判所

一つの国にたくさんの
第一審裁判所がある。
裁判官は一つの裁判所につき
一人しかいない。

地域によっては、軽い犯罪と
重大な犯罪で別々の裁判所がある。
陪審員が役割を果たすのは、
重大犯罪の裁判でだけだ。

控訴裁判所は、
第一審裁判所で誤りが
なかったかどうかを審査する。
彼らは、目の前の具体的な
事件の詳細を検討する。

第一審裁判所は、
控訴裁判所の言うことに
従わなければならない。

最上級裁判所は事実の問題ではなく、
法律の問題を扱う。
すべての事件を、複数の裁判官が
監督する。裁判官たちは、
目の前にある特定の事件だけでなく、
将来発生する同様の事件についても
検討し、法律をどのように
適用すべきかを決める。

この裁判所は、
一つの国に一つしかない。
第一審裁判所と控訴裁判所は、
最上級裁判所の言うことに
従わなければいけない。

最上級裁判所まで争われた事件を紹介しよう。
2008年、アメリカのルイジアナ州で、
ロバート・マッコイという人物が殺人罪で起訴された。
彼は「無罪」を主張したかったのだが、裁判中、
彼を弁護するはずの弁護士が彼を有罪だと言い出した。

マッコイの裁判で……

……陪審員は彼を
殺人罪で有罪とした。

マッコイが控訴すると……

……控訴裁判所は
彼に不利な判決を下した。
弁護士はマッコイの意思に
反したけれど、マッコイに不利な
証拠がたくさんあったので、
裁判の結果は変わらない
というのだ。

最上級裁判所は……

……マッコイに有利な判決を下した。
被告はいつでも「無罪」を主張する
ことを選べなければならない、と
結論したのだ。最上級裁判所は、
マッコイにそれができなかったのは
大きな間違いであり、彼は再審を
受けるべきだと判断した。

学校って
行かなきゃいけないの?

だれかの真似をすることは
法律違反なの?

サッカー選手の
契約の仕組みって?

結婚は
だれとでもできる?

第 ② 章

民法

大人はお金や人間関係、お店の不良品など、
あらゆることについて言い争う。
話し合いで解決するものもある。
でも時には、意見の違いを解決する法の専門家が必要になる。

これが**民法**だ。人同士、会社同士、組織同士の
──とくにうまくいっていないところがある──
関係に焦点を当てた法だ。

あなたに傷つけられた!

刑法では、だれかが君を傷つけた時、政府が社会全体を代表して被告人を裁判にかける。
民法では、だれかが君を傷つけた時、その人を裁判に訴えるのは君自身だ。
その結果はまったく違ったものになる……。

刑事

罪を犯した者が罰せられる。

あなたはわざと相手の足を折った罪で有罪になりました。16ヵ月の投獄を宣告します。

民事

ああっ!

被害者は傷つけられた埋め合わせに金銭を受け取る。これが**賠償**だ。

足をくじいた相手に1000ポンドの支払いを命じます。

民事事件では、傷害は**不法行為**(tort)と呼ばれる。この言葉の由来は「過ち」という意味のフランス語だ。
不法行為が深刻であれば、民事裁判と同時に刑事裁判に発展することもある。
不法行為には、怪我だけでなく、以下のようなものも含まれる。

……精神的損害

……財産への損害

裁判所は、賠償だけでなく、損害を与えた物品を撤去するなど、損害を埋め合わせるための何らかの措置を求めることもできる。

……**名誉毀損**と呼ばれる、評判に対する損害

……**詐欺**と呼ばれる、金銭的な利益のためにだれかをだますこと

だれのせい？

この不法行為の事件をどう思うだろう？ 1928年、スコットランドのカフェで、カタツムリの死骸が入ったジンジャービールを飲んだメイ・ドノヒューが、重い病気にかかった。その後彼女は1カ月間仕事を休むことになった。これはだれのせいになるんだろうか？

メイの事件はイギリス法の転換点になった。この最上級裁判所の判決は、不注意によってうっかり損害を与えた場合も、それはその人の責任である、ということを立証したんだ。これは**過失**と呼ばれる、不法行為の中でも一番ありふれたタイプだ。工場のオーナーはメイに200ポンドの賠償金を支払った。

契約

2人以上の人間が書面や、たとえ会話でも、互いに正式な約束を交わすことを**契約**という。
どちらか一方が約束を守らない時は、法律の出番だ。
サッカークラブがサッカー選手を雇う場面を見てみよう。

サッカー選手とクラブは、やることとやらないことのリストについて話し合う。
すべてのことは契約書に詳しく書かれ、
彼らはお互い納得したことを示すためにそれに署名する。

クラブはあなたに年間5000万ポンドを支払い……

……チームが勝った場合、1試合につき1万5000ポンドのボーナスを支払い……

……車を買い、家賃を払うことを約束する。

私は最低でも2年間、チームのためにプレーし……

……トレーニングに参加し、すべての試合に出場し、健康を維持して……

……宇宙へ行かないことを約束する*。

だまされたり、圧力をかけられたりして契約に同意した場合、その契約は無効になる。

契約が役に立つのは、どちらの側にも確実さを与えるからだ。

もっといいクラブでプレーしたくなっても、いつでも出て行けるわけではないぞ。

次の試合で得点を決めなくても、給料がもらえることははっきりしてる。

一方が約束を守らない場合、それは**契約違反**になり、賠償金を支払うことで埋め合わせをしなければならない。

賠償の値段は事前に取り決めることができる。なので、サッカー選手はよく、所属するクラブを早く退団した場合の賠償額を明記した「契約解除違約金（バイアウト条項）」を交渉する。

両者が適切な賠償額について合意できずに、裁判所が判決を下すこともある。

*合法であれば、何をしてもいい、というわけだ。1999年、サンダーランド・フットボール・クラブは、サッカー選手ステファン・シュヴァルツに宇宙へ行かないことを約束するよう求め、彼はそれに同意した。

物を買う

座って書類に署名することばかりが契約ではない。
法の観点から見れば、君が何かを買う時、売り手は
「この物は目的に合っていて、説明通りで満足のいくものです」
という書類に署名しているようなものだ。

例えば、新聞販売店が何ページか抜けた
新聞を売ることは、契約違反になる。

車を買う時も、君はその車が売り手の説明通りであってほしいと思うだろう。
でも2015年、ドイツの自動車メーカーであるフォルクスワーゲンは、
汚染物質のテストをごまかした車を何百万台も製造したとして告発された。

アメリカでは、人々は集団で企業を
訴えることができる。それが**集団訴訟**だ。
何十万人ものフォルクスワーゲンの
顧客がやったのも、これだ。

「お金を返せ！」

2016年10月、アメリカの裁判所は
フォルクスワーゲンに対して、
顧客たちに約150億ドルの賠償金を支払うよう命じた。

「私はどうなるの？
鳥は肺をもっと深刻に汚染されても
補償されないよ。」

35

家族法

よくあるプライベートな事柄は、弁護士や裁判官とは関係がないように見えるかもしれない。でも、どの国にもそれらに対応するそれぞれのルールがある。これは**家族法**として知られている。

結婚

ほとんどの国では、結婚するか、パートナーシップやシビル・ユニオンを登録することで、正式に関係が認められる。これは法的な行為なので、権利と責任が与えられる。例えば一方が重い病気になって医療上の決定を下すことができない時、もう一人がその決断をすることになる。

別れ

結婚やパートナーシップを終わらせるには、その関係が修復できないことを裁判所に証明しなければいけない（行政が管理している国もある）。

別れたカップルが大きな決断を迫られることはよくある。合意できなければ、裁判になるかもしれない。

いつ子どもに会える？

お金の分けかたは？

私たちの家にはだれが住むの？

私はどこに住むの？

養子縁組

他の人の子の親になることを**養子縁組**という。そのためには裁判所の許可を得なければいけない。

ふたりは私たちの養父母なの。

子どもを育てる

子どもを学校に行かせるなど、親にきちんと責任を果たさせるための法律もある。親が子どもの面倒を見られない場合、地方自治体は親を裁判にかけることができる。

うーん、学校に行かないと、パパが困っちゃうかもしれないな。

家族の権利

私たちが当たり前のように受け取っている愛や家族にまつわる権利の多くはじつは歴史が浅く、それらがいまだに認められていない国もある。

異宗婚

異なる宗教の人と結婚する権利のこと。インドで異なる宗教間の結婚が合法化されたのは1954年になってからだ。

私はヒンズー教徒。

僕はイスラム教徒。僕たち、やっと結婚できるね。

同性婚

2人の男性または2人の女性が結婚する権利のこと。

2001年、オランダは現代の世界ではじめて同性婚を認めた国になったよ。

今では約30ヵ国で合法化されているの。

財産権

財産を所有し、売買し、相続する権利を**財産権**という。20世紀になるまで、多くの場所で女性は男性と同じ財産権を持っていなかったし、今でも持っていないところもある。

チュニジアの抗議行動、2019年

現在のチュニジアでは、両親が亡くなると、息子は娘の2倍の財産を分割されるんだ。

公平な配分を

家族計画

子どもを産むかどうかや、いつ産むのかを選択できるという考えかたを**家族計画**という。実際には、妊娠を避けるために**避妊**という方法を使うことがある。

避妊は、かつてのアイルランドでは違法でした。私はアイルランド政府を裁判で訴え、1973年に法律を改正させました。

メアリー・マクギー、活動家

法律が変わったからといって、人々の行動が変わるとは限らない。例えばインドでは、信仰や背景の異なるカップルが地域社会で受け入れられづらいことがある。

この土地は私のもの

財産についての考えかたは時代とともに変化する。その変化が法律で認められるためには、人々が闘わなければならないこともある。

1990年代まで、オーストラリアの土地法は、ヨーロッパ人が到来するまで土地はだれのものでもなかったという考えに基づいていた。この考えかたを無主の地（テラ・ヌリウス）という。

それは私のアイデアだ

土地のように手で触れるものだけでなく、アイデアや情報も所有することができる。
これは**知的財産**と呼ばれ、それを保護するための特別な法律がある。

著作権

著作権法は、
芸術、文章、音楽、映画、テレビ、
オンラインコンテンツといった
だれかの作品を、
無断で使うことを禁じる法律だ。

特許

何かを発明したら、**特許**を登録することができる。
そうすることで、何年にもわたって、
他人が君の発明品を作ったり
販売したりすることができなくなる。

> この傘帽子のアイデアは、
> だれにも真似されないように
> 特許を取ったんだ。

芸術家や発明家はしばしば、
自分の作品でお金を得るためにこれらの法律に頼っている。
でも、救命薬などの一部の発明については、
それが不公平に思えるかもしれない。

THE DAILY NEWS

南アフリカ、2001年4月

高価な薬が命を奪う

南アフリカでは、毎年何十万人もの人々がエイズという病気で命を落としている。

なぜ薬がそんなに高いのか？

製薬会社が薬を発明するのに数百万ドルはかかる。特許を取って薬を売ることで、発明費を取り戻すことができる。でも、適正な価格はどれくらいなんだろう？

より安い医薬品をめぐる裁判

南アフリカ政府が海外の提供者からより安い医薬品を入手するのをやめさせるために、製薬会社グループが裁判を起こした。

だが世界中で抗議があり、製薬会社はこの訴訟を取り下げた。また、薬の値段も一人あたり年間10,000ドルから1,000ドルに引き下げた。

> 貧しい人々に
> 高額の薬代を請求するのは
> 間違っています。
> 他の国からもっと安い薬を
> 買わなければ。

ネルソン・マンデラ、
元・南アフリカ大統領

必ず裁判所に行かなければいけないわけではない

裁判をするのにはお金も時間もかかる。そういう時は**調停人**と呼ばれる人の助けを借りてもいい。調停人は、企業同士、家族同士、あるいは遊び場の子ども同士で争いがあった時、どちらの側にも立たず、みんなにとってうまくいく解決策を見つけようとしてくれるんだ。

憲法修正第14条って何?

法はぜんぶ文書になっているの?

リーダーが力を持ちすぎないようにするためにはどうするの?

合衆国憲法はなぜ重要なの?

大統領を裁判にかけることはできる?

第 ③ 章

法の作りかた

新しい法を作る権限を持っている人がいる。
だいたいは**国会**にいる政治家だけれど、
裁判官、王や女王、もしくは宗教学者であることもある。
法の成り立ちは、国によって違いがあるんだ。

基本的に、だれが権力を持ち、
どのように新しいルールが作られるかについては、
どこの国にも独自のルールがある。
ルール作りについてのルールは**憲法**という名前で知られている。
すべての国ではないけれど、憲法を**憲法典**と呼ばれる
使いやすい文書にひとまとめにしている国もある。

法はどこからきたか

世界のあらゆる地域で同じように機能するような法はない。国によって**法制度**は異なるんだ。
その違いの一つが、その法がどこからきたかということ。
法の、もっとも一般的な出どころを見てみよう。

立法府が作る

ほとんどの国には、新しい法を作ることを担当する政府の主要な機関がある。
正式には**立法府**または**立法機関**と呼ばれるが、**国会**、**議会**と呼ばれることも多い。

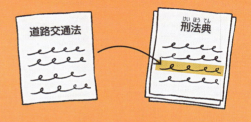

このようにして作られた法は、**成文法**、**法律**、または**制定法**と呼ばれる。これらは**法典**と呼ばれる長い文章にまとめられることもある。

すべての法が立法府によって制定される国は、**大陸法**を採用している国だ。

裁判官が決める

判例法（**英米法**）と呼ばれる制度の地域もある。
これは、今までの裁判での判決によって法が発見される制度だ。

裁判官は、今係争中のすべての事案について、過去の似たような事件で高等裁判所が下した決定に必ず従わなければならない。

宗教的な文書

イスラム教国の中には、**イスラム法**を採用している国もある。この法は、イスラム教の中心になっている宗教文書である**クルアーン**と、もう一つの重要な著作集である**スンナ**に基づいている。
イスラム教の専門家である学者たちは、これらの文書を詳しく研究している。

継続して慈善行為を行うこと。

クルアーン

ムスリムは持っている金銀の10分の1の、さらに4分の1を喜捨すべきである。

スンナ

学者たちは、文書が現代の生活にどのように適用されるかについての法を作る。
例えば、だれがどれくらいの頻度で慈善行為をすべきかを、正確に記述する。

慣習

地域社会が長いあいだ従ってきた伝統は、
文書化されていなくても法とみなされることがある。
それが**慣習法**だ。

イヌイットのコミュニティでは、2人の対立は裁判所ではなく、歌の決闘で解決する。

それぞれが相手を馬鹿にする巧みで滑稽な歌を作り、披露する。それによってコミュニティの人々をもっとも楽しませた者が勝者となる。

こいつはとんでもなく不器用な狩人で……自分の靴さえ捕まえられない！

組み合わせ

多くの国の法制度では、これらの起源が組み合わさって法ができている。
次のページでさらに見てみよう。

どの国に、どんな法があるの？

世界各地で採用されている様々な法制度の例を紹介しよう。

カナダでは、国会で可決された法律と並行して判例法（英米法）が使われている。

イングランドと**ウェールズ**、**北アイルランド**、**スコットランド**と**アイルランド**では、議会によって制定される法律もあれば、判例法（英米法）もある。

アメリカは判例法（英米法）と議会で可決された法律を使っている。

私の国は昔フランスに統治されていたから、法制度もフランスに似ているの。

セネガルのようなフランス語圏のアフリカ諸国は、大陸法を採用することが多い。

チリ、**ペルー**、**アルゼンチン**など、南米のほとんどの国は大陸法を採用している。

ナイジェリアでは、判例法（英米法）とイスラム法、国民議会によって制定された法律が混ざり合っている。

南アフリカでは、判例法（英米法）、慣習法、国会が制定した法律を組み合わせて使っている。

裁判官が作る法

判例法（英米法）は時間をかけて発展していく。
同じような事件が新しく起こるたびに裁判官が判決を下し、法はさらに正確になっていく。
100年以上前のイギリスの例を見てみよう。

1884年、イギリス人の船員がアフリカ沖で難破した。
小さなボートで数週間漂流して、飢えと渇きで絶望していた。

イギリスに戻ったダドリーとスティーブンスは殺人罪で起訴された。
ふたりを担当した弁護士は、彼らが生き延びるためには
リチャード・パーカーを殺す必要があったと主張した。
だが裁判の結果、裁判官はふたりを殺人罪で有罪とした。

116年後

難破船の事件以来、イギリスの法は「必要性」を理由に人を殺すことを認めていない。でも、この法を試すような事態が2000年に起こった。胴体のつながった双子が生まれたんだ。

双子を引き離さなければ、2人とも死んでしまいます。もし引き離せば、グレイシーは助かるでしょうが、ロージーは死んでしまいます。

グレイシーの命を救うためには、双子を引き離さなければいけません。

でも、ロージーを殺すような手術には同意できません。

医師と両親の意見は対立し、裁判になった。裁判官が判断しなければいけなかったのは、グレイシーの命を救うために必要だという理由で医師たちがロージーの命を絶っていいのか、ということだ。最終的に、双子は引き離されるべきだという判決が下された。その理由は次のようなものだった。

- これは難破船の事案とは違う。医師たちはロージーの命を奪っても何も得られないのだから。
- この状況は、1884年当時に裁判官たちが防ごうとしていたような、おぞましく不道徳な行為ではない。
- 医師たちはロージーの死を選んではいない。彼女はどちらにしても死ぬのだから。

手術後、ロージーは死んだけれど、グレイシーは生き延びて、成長した。今の法では、「必要性」は人を殺すことの理由にはならないとされている。例外は、

……非常にまれな医学的状況であること。

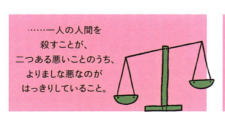

……一人の人間を殺すことが、二つある悪いことのうち、よりましな悪なのがはっきりしていること。

……そして、被害者が殺されるために選ばれたのではないことだ。

裁判官が作った法は、事案の後に発表される**判決文**と呼ばれる報告書にまとめられる。事案に関わった裁判官は、判決の理由を説明する。これがあるから、他の裁判官も、今後の事案でどのように法を当てはめるべきかを知ることができる。

議会が作る法律

議会で活動する政治家は、ふつう、国民によって選ばれる。
国民は、政治家が良識ある法律を作ってほしいと思う。だから政治家は新しい法律を作る時、
細かく議論をしながら、自分を選んだ国民の望みをよく考えようとする。
その仕組みを詳しく見てみよう。

フランス、2019年

新しい法律は**法案**と呼ばれる草案から始まる。

法案を提案するのは国会議員だ。

人々はこの新しい法案をきっと気に入ると思う。これでフランスはプラスチックを大量に捨てる必要がなくなる。

私の提案の一つは、ペットボトル入りの商品を購入するたびに、追加料金（デポジット）を支払うというもの。ペットボトルを店に返却したら、このお金が戻ってくる。

次に、政治家が法案を審議する。
多くの国と同じく、フランスでも議会は
元老院（上院）と**国民議会（下院）**という二つの意思決定機関（**議院**）に分かれている。
法案は、幅広い意見を取り入れるために、その両方に提出される。

上院で

基本的に私はこの法案を気に入っているけれど、ペットボトルの返却制度はばかげた考えよ！〈すべてのプラスチック使用をやめる〉という本当の目標から人々の目をそらすことになる！

上院議員

私に投票した人たちは、法案のこの部分について怒りの手紙を送ってきたよ。

その通り！その部分は削除しましょう！

同感！

政治家は**修正案**と呼ばれる文章の変更を提案して、投票にかける。
修正された文章は他の議場に送られ、さらに討論が行われる。

両院に意見の違いがあると、人々は妥協点を探す。

両院がまったく同じ内容の法案に賛成すれば、法案は正式に新しい法律になる。
でも、それはいつまで法律であり続けるのだろう？　次の**選挙**が終わって、
新しい政治家たちが議会に選出されれば、もとあった法律は撤回されて、
新しい法律がかわりに作られるかもしれない——もし新しい政治家たちがそれに同意すれば。

ルール作りについてのルール

組織化された集団には（国全体でも地域のスポーツクラブでも）、その集団の運営方法や意思を決める方法についてのルールがある。このようなルールをまとめたものが**憲法**だ。

合衆国憲法は、一つの国の憲法の一番有名な例だ。
その成り立ちを見てみよう。

1780年代、アメリカの13州は
イギリスから独立するために
戦争をしたばかりだった。

各州は互いに歩み寄りたかったけれど、
そのためのはっきりしたルールがなかったので、
緊張状態が続いていた。

そこで1787年、何人かが集まって、
〈アメリカ合衆国〉という一つの国を
どのように運営すべきかを憲法典に書き記した。

第1章と第2章は、
二つの部分（議院）を持つ議会と、
大統領の立場を定めている。
大統領は、憲法を守ることを
誓わなくてはいけない。

第3章では、
法律が憲法に反しているか
どうかを審査する権限は
最高裁判所が持っている、
とされている。

第5章には、
憲法改正を発議するには
二つの議会の3分の2以上の
賛成が必要だと書かれている。

イギリスのように、国の運営についての法を集めて記録したただ一つの憲法典がない国もある。
でも、たとえばらばらの場所に書かれていたとしても、このような種類の法は**憲法**と呼ばれる。

変化する合衆国憲法

1787年から、合衆国憲法は27回改正されている。
最も画期的な改正のいくつかは**奴隷制**に関するものだ。
奴隷制は、他の人間を財産として所有するという、恐ろしい慣習だ。

16世紀から19世紀にかけて、1000万人以上の西アフリカの人々が奴隷としてアメリカに連れてこられた。

何世代もの人々が、意思に反して拘束され、強制的に働かされて、金銭と交換された。

1787年に合衆国憲法が制定された時、奴隷制は非合法にはならなかった。なぜなら、憲法の制定に携わった人々の多くが奴隷を所有していたからだ。

奴隷制度は道義的に間違っている！

私は奴隷を手放したくない。私にとっては大金と同じだからだ。

合衆国憲法は、黒人の価値は白人の5分の3である、と公式に宣言した。

1861年から65年にかけて、奴隷制に反対する北部の州と、奴隷制を支持する南部の州とのあいだで、血みどろの戦争が起こった。北部の州が勝利して、ようやく憲法が改正された。

1865年 第13条
犯罪に対する処罰以外の奴隷的拘束を違法とした。

1866年 第14条
以前に奴隷であった人々をアメリカの市民とし、すべての市民に平等の権利を与えた。

1869年 第15条
人種や、以前に奴隷であったことを理由に投票させないことを違法とした。

リンダ・ブラウンが歴史を変えた

憲法が黒人に平等の権利を与えて100年がたっているにもかかわらず、多くの法律が黒人を差別的に扱っていた。
1954年にこうした法律の一つが最高裁によって取り締まられたが、
そのきっかけを作ったのはリンダ・ブラウンという一人の少女だった。

8歳のリンダは、もっと近くの学校があるにもかかわらず、
毎日長い道のりを歩いて
別の学校に通わなければいけなかった。

なぜなら、地元の学校は白人の子どもたちの
ためのものだったからだ。リンダが住んでいた
カンザス州では、黒人と白人の子どもは別々の、
つまり**隔離された**学校に行かなくてはならない、
という法律があった。

歩くのは遠いし、寒いな。

白人の子どもたち →
← 黒人の子どもたち

リンダの父親は彼女を地元の学校に
入学させようとしたけれど、校長はそれを拒んだ。
黒人に対する偏見、つまり**人種差別**は、
まだ多くの白人に深く根付いていた。

黒人と白人の子どもは
交ぜてはいけない！
そんなことをしたら、
黒人と白人の子どもが
結婚することになる。
想像してみろ！

そこでリンダと父親は裁判を起こした。
裁判は最高裁にまで持ちこまれた。

隔離された学校は
憲法修正第14条に違反する。
黒人と白人の子どもが
平等に扱われていないからだ。

リンダの弁護士

いや、学校の質は同じなのだから、
分かれていても
問題ないはずだ！

教育委員会の弁護士

リンダの裁判では、ある科学実験が証拠として
使われた。この実験では、黒人の子どもたちが、
黒人の人形と白人の人形のどちらが好きかを
尋ねられた。

この人形は黒いから、
きっと良くない人形だ。

この人形は白いから
きっといい人形だ。

黒人の子どもたちは、隔離されることで、自分たちが白人の
子どもたちよりも劣っていると感じていることがわかった。

判事たちはこの人形を使った実験に心を動かされた。
彼らは、学校分離の法律は違憲であり、
撤廃されなければならない、という判決を下した。

黒人の子どもたちを
別の学校に通わせることが、
彼らの自信を失わせ、
足かせになっている。
このような状態で、どうして彼らが
平等な権利を持てるだろう？

この裁判をきっかけに、時間はかかったけれど、やっと学校の統合が進むようになったんだ。

イギリスに憲法はあるの？

イギリスには法典化されていない憲法がある、と言われている。様々な文書があちこちにちらばって混ざっていて、中にはまったく文章になっていないものもあるんだ。

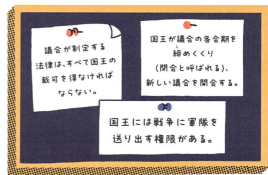
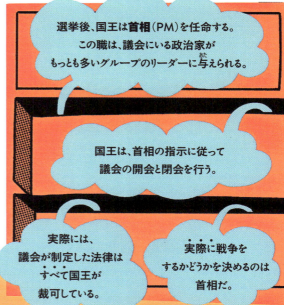

一部の憲法は裁判所の判決にも反映されている。
2019年の一例として、イギリスの最高裁判所（シュプリーム・コート）での裁判を紹介しよう。

首相と議会の闘い

2019年、イギリスは欧州連合（EU）から離脱するかもしれないという重大な局面に立たされた。
EUとは、お互いに貿易を行い、共同で法を制定することに合意したヨーロッパ諸国のグループだ。

ボリス・ジョンソン首相は、議会がイギリスのEU離脱案に同意することを望んでいた。

だが、議会は反対票を投じ続けた。

ジョンソンは女王に、議会を5週間閉会するよう要請した。女王はそれを実行した。
わかりました、ボリス、あなたがそう言うなら……。

何人かの国会議員は激しく怒った。

議会を閉会して、私たちの合意なしに計画を押し通すなんて！ そんなことは許されません。あなたから目をはなさずに監視するのが私たちの仕事です！

国会の会期と会期のあいだに休みがあるのは、まったくふつうのことでしょう。閉会することは女王の権限の一つで、私はそれをするように勧めただけです。何を騒いでいるのかわからないな。

ばかばかしい！ 閉会が行われるのはふつう、新しい会期が始まる前の数日間だけです。今回はまったく違います。

首相はイングランドとスコットランドで各々裁判にかけられ、最高裁まで争われた。
裁判官の判断はこうだ。

首相は議会を閉会させる権限を確かに持っているが、通常より長く閉会させる時は、合理的な理由がなければならない。

ジョンソン首相は議会を長く閉じた理由を説明していなかったから、この閉会は違法です。

EU離脱をめぐる議論はそれからも続いた。
だがこの事件を通して、憲法の一部が明確になった。
首相は、議会からの監視を好きな時に避けることはできないのだ。

57

権力を監視する

国の責任者は大きな権力を持っている。
だから多くの国の憲法では、
一個人や集団が大きすぎる権力を握るのを防ぐため、
権力を3つの部門に分けることにしている。

行政府

大統領、**総理大臣**、**首相**といった一人の重要人物、
あるいは大統領および首相といったふたりの人物が、
権力を持つことが多い。
彼らは内閣と呼ばれるチームの助けを借りて、
日々、国を運営している。

> 私はドイツの
> アンゲラ・メルケル首相です。

> この木は
> 権力の3つの枝を
> 表しているよ。

◎行政府は立法府（隣のページを参照）が
　作った法律を承認する権限を持っている。

◎行政府は立法府で可決された法律を執行、
　つまり実行しなければならないが、
　どのくらい速やかに実行するかや、どの法律を
　優先するかは決めることができる。

◎行政府は最上級裁判所の上級裁判官
　（隣のページを参照）を任命するが、
　一度任命すると、裁判官の実際の決定に
　関わることはできない。

立法府

この部門は、**議会**、**国会**、もしくは**立法**と呼ばれる。

連邦議会はドイツの議会の一部だ。

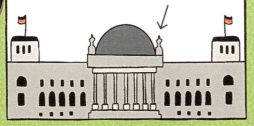

◎ 立法府は、行政府が他国と結んだ協定や条約を拒否することができる。

◎ 立法府には様々な部門の委員会があり、行政府のやっていることを精査し、行政府が約束を守るよう圧力をかける。

◎ 立法府は法律を作り、行政府に何をすべきかを指示することができる。

司法府

司法府は上級裁判官で構成されていて、彼らは最上級裁判所で判決を下す。

私たちはドイツで最も重要な3人の裁判官です。

◎ 司法府は、行政府の行いが法律に違反していることを判断することができる。このルールは、法律よりも大きな権力を持つ者はいないという意味で、**法の支配**と呼ばれている。

◎ 司法府は、ある法律が憲法に定められた権利に反している時、それを「違憲」と判断することができる。

権力が監視されない時

1933年、アドルフ・ヒトラーがドイツの首相に選ばれた。最初は行政府の責任者にすぎなかったけれど、すぐに残りの二つ、立法府と司法府の権力も奪い取った。

引き戻す者がいない中、ヒトラーは世界大戦を起こし、約600万人のユダヤ人を含む、彼の気に入らない人々の殺害を命じた。

月に法はあるの?

新しい国は
どんなふうにできるの?

国は法を
破ることができる?

行きたい国には
好きに行ってもいい?

ある国が他の国と
戦争をすることは
・・・・
許されるの?

第 ④ 章

国境を越える法

私たちは世界中、どこへでも手紙を送ることができる。
それができるのは（もしかしたら考えたこともないかもしれないけれど）
すべての国が郵便についての共通の仕組みに合意しているからなんだ。
このような国際的な取り決めには、いろいろなものがある。
どれも規則や法が集まった**国際法**というものの一部で、
問題を解決するために国同士が協力する方法を定めている。

国際法って何？

ほとんどの国際法は、**条約**という、各国の政府が協力するために結んだ協定だ。
国際法は、人々のコミュニケーションや貿易、世界各地への移動に影響を与える。
いくつかの例を見てみよう。

この夏、スペイン語を学ぶためにメキシコに行くんだ。

それぞれの国が、飛行機が自国の上空を飛行し、着陸してもいいという協定を結んでいる。

航空輸送協定

天気予報だと、明日は雨だって。

ヨーロッパの国々は、共同で気象予報機関を設立する条約に調印した。

ヨーロッパ気象条約（1975年）

いつになったら政府は**汚染物質の削減**に取り組むの？

かわりの惑星はない！

大きな問題の解決を目指して協力することを約束する目的で、複数の国が条約に署名することがある。

パリ協定（2015年）
- 汚染を削減する
- 気温を2℃以上上昇させない

署名: 190ヵ国

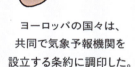

すごくおいしい！

君が口にしている食品の中には、他の国で栽培されたり製造されたりしたものもあるだろう。複数の国が条約を結び、食べ物の安全を確認する約束をしているんだ。

食品規格協定

承認ずみ

条約に署名することは契約書に署名するようなもので、国はその協定を守るために最善を尽くさなければいけない。
もし国が協定を破れば、**国際裁判所**で裁かれることもある。詳しくは65ページを見てみよう。

おばあちゃん、やっほー！ スリランカでの生活はどう?

国際法は必ずしも文書になっているわけではない。あるものは**慣習**、つまりそれぞれの国がしばらくのあいだ守ってきた不文律として始まっている。

海外に電話をかけることができるのは、世界中のほとんどの国が通信費用や通信機器に関する条約を結んでいるからだ。

国際電気通信条約

僕の家族は戦争から逃れてこの国に来たばかりなんだ。

政府はよく、だれが自分の国に移住できるかを決めた規則を作る。でも、他の国の危険な状況から逃れてきた人たちである**難民**を追い返すことはできない。これはとても長いあいだ、国際的な慣習になっている。

学校に行く権利は、世界中のだれでも持っているのかな?

もし銀行強盗をして他の国に逃げたら、逃げ切れるかな?

そうだよ。国際法はすべての人に同じ人権を与えている。でも、それがいつも尊重されているわけではないんだ。

世界人権宣言

署名:全世界

たぶん無理だよ！ 国々は、国際的な犯罪者を捕まえるために協力する協定に署名している。詳しくは72ページを見てみよう。

刑事共助条約

それぞれの国は、国際法を自国の法の一部として採用することができる。

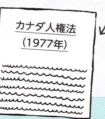
カナダ人権法（1977年）

国際法

あらゆる条約やその他の国際法の記録は、世界のほぼすべての国がメンバーになっている国際機関である**国際連合**が保管している。

国際法の仕組み

国際法はとくに第二次世界大戦の後で発展した。
1945年、これ以上の戦争を避けるため、世界中の指導者たちが国際連合（国連、UN）という
国際的な組織を設立した。国連は、それぞれの国が従うべきルールを定め、
論争を平和的に解決する手助けをする機関だ。

共通のルール

世界中のほとんどの国が国連に加盟していて、
そのルールに従うことに同意している。
ここでは、最も重要なルールをいくつか紹介しよう。

- 人権を尊重すること。
- 自衛の場合を除き、他国に対して武力を行使しないこと。
- 他国との問題や論争を平和的に解決すること。
- 他国の問題に干渉しないこと。
- 国際法を尊重し、条約でかわした約束を守ること。

各国は毎年、ニューヨークの国連本部で開催される
国際連合総会で新しいルールを討議することができる。
それぞれの国は、自国の代表者である**大使**を派遣する。

ある国がルールを破ったり、
平和を脅かしたりした時、
国連の**安全保障理事会**は行動を
起こし、**制裁**を科すことができる。
制裁の中には、その国との貿易を
違法にする、といったものもある。

安全保障理事会は計15カ国——
5つの常任理事国（中国、フランス、
ロシア、イギリス、アメリカ）と、
2年ごとに選出される10カ国——
で構成される。

紛争の解決

オランダにある国連の **国際司法裁判所** は、国家同士の論争を解決するためのものだ——
ただし、両国がこの裁判所で審理を受けることに同意していなければならない。
裁判は、世界中から選ばれた15人の裁判官によって審理される。

- アルゼンチン側の弁護士：「我々との国境に接している川沿いに汚染物質を出す工場を建設するとは言わなかったでしょう。」
- ウルグアイ側の弁護士：「私たちはお伝えしましたよ！そして、できる限り環境に優しい技術を使いました。」
- 国際司法裁判所の裁判官たち：「ウルグアイはもっと早くアルゼンチンに伝えるべきだったが、工場は十分に安全だろう。」
- アルゼンチンの裁判官：「私は同意しないけど、票数で負けたわ。」

人を罰する時

非常に重大な刑事事件は、扱うことができないか、もしくは扱いたくない国もある。
このような場合、被告人は **国際刑事裁判所**（ICC）で裁かれる。
その裁判官も、やはり世界中から選ばれる。

ICCは、大量殺人、奴隷制、拷問などの
人道に対する罪 に対処する。
また、少年を兵士として使うといった戦争犯罪や、
国籍や宗教や人種を理由に意図的に集団を破壊する
ジェノサイド（大量虐殺） についても審理する。

ICCは、コンゴ民主共和国で
少年兵士をリクルートした反政府組織司令官
トマス・ルバンガを有罪としました。
ルバンガは禁固14年を言い渡されました。

法から見た国家

国際法は主に国と国との関係に焦点を当てている。
でも、法の観点から見た「国」とは何なのだろう？

これが、ブラジルが国である理由だ：

1 領土が決まっている。

2 常にそこに住んでいる人たちがいる。

3 国を管理し代表する政府がある。ブラジル政府はブラジリアと呼ばれる首都に本部を置いている。

国には法的な権利がある。

| 国際連合などの国際機関のメンバーになることができる。 | 自国の土地と人々について独自の決定を下すことができる。 |

そして、責任がある。

| 国際法を尊重すること。 | 人権と自由を尊重すること。 | 他国との紛争は、武力や暴力の脅威によらず平和的に解決すること。 |

ブラジルが国であるのは、他の国々がブラジルを国として認め、そのように接しているからだ。それがなければ、ブラジルの権利と責任は尊重されないかもしれない。

私の国パレスチナは、約50カ国から認められていません。その結果、国連の正式加盟国ではないのです。

新しい国を作る

ある場所に住む人々が、新しい国を作りたいと思うことがある。
ここでは、国ができる時の国際的なルールを紹介しよう。

❌ 武力

私はこの土地を征服した。ここはこれからトニーの人民国だ。

国際法では、不法な武力行使によって新しい国を作ることは違法になる。また、他国がその国を国として承認することも違法だ。

✅ 投票

2011年、数十年にわたる戦争の後、スーダン南部の人々は投票を行った。ほとんどの人が、スーダンの他の地域から独立した自分たちの国を作りたいと答えた。

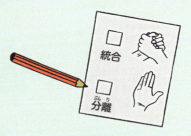

統合
分離

この投票結果は世界中のすべての国によって認められ、南スーダンは国連加盟国となった。

✅ 外国統治からの独立

国際法では、人々には独立している権利——つまり他国に植民地化されていない国に住む権利がある。

1950年から1970年のあいだに、ヨーロッパ諸国によって植民地化されていた約60カ国が再び独立した。

マレーシア　カンボジア　アルジェリア　スーダン　ベトナム（独立宣言は1945年）

新しい国を作るためのすべてのルールに従ったとしても、他の国、とりわけ近隣の国々がその地位を認めなければ、本当の意味で独立するのは難しい。

ほとんどのコソボ人がセルビアからの離脱に投票した後、コソボは2008年に独立を宣言しました。でも、セルビアはいまだにコソボを国として認めていません。

国は法を破ることができるの?

現実には、国が法を破ることはできない。破れるのは人間だけだ。
でも政府や、政府の命令で行動する人が国際法上違法なことをした場合、
その国は法を犯したとみなされる。こんな例を見てみよう。

1970年代、アメリカから支援と資金援助を
受ける評判の悪い指導者であった
イランの国王が、イラン街頭での
抗議運動によって打ち倒された。

国王はアメリカに
逃亡した。

1979年、抗議者たちがイランのアメリカ大使館を取り囲んだ。
彼らがアメリカに求めたのは、国王をイランに送り返し、
告発されている犯罪の裁きを国王に受けさせることだった。

アメリカが国王を送り返すまで、
あなたたちを出すわけに
はいかない。

抗議者たちはアメリカ大使館職員を
1年以上も人質にしていた。

アメリカは大使館の人質解放を求めて、国際司法裁判所にイランを提訴した。
裁判所は、次のような疑問に答えたうえで判決を下さなくてはならなかった。

法は破られたのか? 国に責任はあるか?

国際法のルールでは、
大使館とその職員は決して攻撃されてはならない。
つまり、法は破られたことになる。

イラン政府は抗議者に頼んで
大使館を襲撃させたわけではない。
だが、抗議者を止めることも、人質を解放することもしなかった。
したがって、国には確かに責任がある。

裁判所は人質の解放を命じたが、イランはこれを無視した。

裁判の最中もその後も、アメリカとイランはこの人質の危機を終わらせようと、
以下のような別の法的手段を使った。

交渉
両者は会談し、それぞれの要求について話し合い、取引を成立させようとした。

国王を返せば人質は解放する。

考えてみよう。

報復
国際法では、自国を守るために反撃することが認められている。これは**報復**として知られている。

人質が解放されるまで、アメリカの銀行口座にあるイランの金を押収することにした。

ジミー・カーター米大統領

調停
これは、解決策を見出すためにお互いが第三者に助けを依頼することだ。今回は、アルジェリアが交渉の依頼を受けた。アルジェリアの調停で、イランは、アメリカがお金を返すのと引き換えに人質を返すことに同意した。

人質が帰ってくる！

仲裁
仲裁は裁判と似ているが、双方が裁判官を選ぶことができる。人質事件以来、仲裁裁判所はイランとアメリカのあいだで約4000件の紛争を解決してきた。

おまえらは借りがあるだろう！

いいや、ない！

おまえは最低だ！

最低なのはおまえだ！

いくらだ!?

冗談だろ？

国と国の論争は、しばしば解決が難しく、何年も長引くことがある。
それを解決するために作られた法制度も完璧ではない。
それでも、銃や爆弾を使って問題に対処するよりはずっといい。

69

戦争は合法か？

武力行使や武力による脅迫は、ふつうは違法だ。
でも、それが許される状況もある。
どのような状況であれば、武力行使が合法だと思えるだろうか？

A
母国の人口増加に対処するねらいで土地を征服するため

B
革命が起こって政権が交代した国に秩序をもたらすため

C
攻撃されている他の国を守るため

D
攻撃してくる国から自国を守るため

E
ジェノサイド（ある集団の組織的な破壊）を行う政府を阻止するため

国際法では、自衛のための武力行使は合法だ（例D）。
国連安全保障理事会が、世界平和を脅かす国に対して武力行使を認めることも合法（例C）。
でも、それはめったに起こらない。

他国の人々の人権を守るために武力を行使することは合法である・べき・だと主張する国もある（例E）けれど、
すべての人が賛成しているわけではない。君はどう思う？

武力をつかって、他国の内側で起こっていることに干渉することは違法だよ！

でも、何もしないのは不道徳でしょ！弱い立場の人々を守るためなら武力を行使してもいいと思う。

でも、武力を行使する前に、各国はあらゆる手を尽くすべき！

戦時国際法

何らかの理由で戦争が起こった場合、世界中のすべての国に適用される特別な法がある。
「ジュネーブ条約」という、1864年に起草された条約から発展したものだ。
その中の最も重要なルールをいくつか見てみよう。

攻撃は空軍基地のような軍事的な標的に
限定されるべきである。つまり学校や病院、
礼拝所などを標的にするのは違法ということだ。

戦闘に参加していない人々は
文民と呼ばれ、
保護されなければならない。

軍隊には**捕虜**を保護する
義務がある。捕虜とは、
戦いを止めるために
捕らえられた相手側の
人々のことだ。

被害者を支援するための
赤十字国際委員会のような
国際組織には、仕事をする許可を
与えなくてはならない。

毒ガスのような、
兵士だけでなくすべての人を
傷つける兵器の使用は違法だ。

軍隊は負傷者を、
敵味方に
かかわらず
ケアすべきだ。

戦時下において、意図的に民間人を攻撃するなどして
不必要な苦痛を与えることは**戦争犯罪**と表現される。

国際法においては、戦争犯罪を犯した軍隊を持つ国は、
被害を受けた都市の再建のために資金を提供するなどして、
その埋め合わせをしなければならない。

国際犯罪

麻薬の売買からテロリズムまで、多くの重大犯罪には様々な国の犯罪者のネットワークが関わっている。こうした犯罪を取り締まるのは大変な仕事だ。

国際刑事警察機構の**インターポール**は、世界中の警察官と司法の専門家たちと協力して国際犯罪と闘う手助けをする。

2020年4月

ドイツ政府がだまされて犯罪組織にお金を渡したというニュースが入った。現在わかっていることは以下の通りだ。

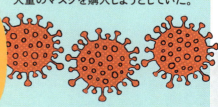

ドイツ政府はCOVID-19（新型コロナウイルス感染症）という病気から国民を守るため、大量のマスクを購入しようとしていた。

マスクをつければ、病気が広がるのを防ぎやすくなる。

ドイツは結局、オランダの会社からマスクを仕入れることになった。

150万ユーロを前払いしてくれれば、150万枚のマスクを売りましょう。

わかりました。すぐに支払います。

発送の直前……

まだお金を受け取っていません！マスクがほしければ、今すぐ支払ってください——88万ユーロで十分です。

それは変ですね。わかりました、追加で送金します。

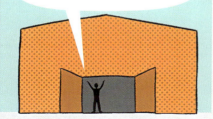

しかし、マスクは届かなかった。

彼らはどこにいるんだ？お金はどこに消えた？警察に連絡しなければ！

我々が突き止めたところによると、犯人は、オランダの実在する会社のウェブサイトをコピーして、そこからすべての注文と支払いをやっていました。

インターポールとヨーロッパじゅうの警察と
司法の専門家たちが協力して
このお金を追跡し、
犯人を逮捕した。

追跡されにくくするために、犯人たちは別々の銀行口座間でお金を移動させていたんだ。しかし、我々はすべて見つけることができたぞ！

大金が消えた
資金を追跡せよ

アイルランド警察は、
盗まれたお金のうち150万ユーロを
アイルランドの銀行口座から発見し、
容疑者を1人逮捕した。

オランダ警察は
オランダの銀行口座から
30万ユーロを発見し、
容疑者2人を逮捕した。

イギリスの銀行が
残りのお金を見つけ、
ナイジェリアの銀行口座に
移されるのを止めた。

裁判を受ける

だれかが捕まった時、どの国で裁かれるべきなのだろう？

ふつう、人は犯罪が行われた国で
裁かれなければならない。
だれかが裁判を受けるために他の国に送られる場合、
それは**犯罪人引渡し**と呼ばれる。

彼を大切に扱い、
公平な裁判を受けさせると約束してくれれば、
彼をあなたに引渡します。

2つの国で犯罪を犯して訴えられた場合は、
ややこしいことになる。
その人は両方の国で裁かれるべきなんだろうか？

同じ罪で二度裁かれるのは
不公平じゃないか！
二つの国が協力してこの事件を
扱うことはできないのだろうか。

国際法の専門家たちは、
今もこの問題に対する
答えを探している。

宇宙、空、海

空と海はどこまで一つの国の持ち物なのだろう？このような疑問に答えようとするのが海と宇宙についての法だ。

ただしほとんどの人は、空の上であろうと海の底であろうと、みんなで協力してそれを守り、それについての知識を共有しなければいけないと思っている。

1967年の宇宙条約によれば、宇宙は自由な空間であり、だれのものでもない。

宇宙での発見と探査は、平和的な目的をもって、すべての人の利益のために行われなければいけない。

国は領土の上空を所有していて、それは領空と呼ばれる。領空を初めて定めたのは1919年の「航空規制に関する条約（パリ国際航空条約）」だ。

国は自分が宇宙へ送り出すものを所有し、それに責任を持たなければならない。

人類にとっての大きな一歩だ。

ヨーロッパ、ロシア、日本、カナダ、アメリカの5つのパートナーがISSを所有している。各パートナーは、それぞれの宇宙飛行士と設備に責任を持つ。つまり、船内では5つの法が適用される。

国際宇宙ステーション（ISS）

パイロットは領空を飛行する前に、その国から許可を得なければならない。

この中国の衛星は、世界中の気象予報士に気象情報を送っている。

「海洋法に関する国際連合条約」は、様々な海域の所有者はだれか、そこで何ができて、できないのかを定めている。

領海

自国の海岸（海岸がある場合）から12海里（約22km）までの海域は、その国が所有する。他国の船がそこを航行するには許可が必要だ。

排他的経済水域

自国の海岸から200海里（約370km）までの海域にあるすべての資源を、その国が所有する。公海での航行、漁業、調査、ケーブルやパイプラインの建設を行う権利を持つ。でも、外国の船や航空機がこの海域を自由に移動してもかまわない。

公海

それ以外の海域は公海と呼ばれている。すべての国は、公海での航行、漁業、調査、ケーブルやパイプラインの建設を行う権利を持つ。

環境保護のための法的な取り組みについては、112〜113ページを見てみよう。

公海の底の地面はすべての国の持ち物になる。だから、どんな研究や発見も共有しなければいけない。

私たちの権利はどうなるの？ここは私たちの家だよ！

わあ、大きな魚だね！

我々が発見した石油はノルウェーのものだ。

犯罪者も含めて、
すべての人に
権利があるの?

差別って何?

表現の自由って、
どんなことでも言って
いいっていうこと?

だれが人権のために
闘っているの?

第 ⑤ 章

人権

人がまともな生活を送るためには、いくつかの基本的なものが必要になる。
食べ物や住まいといった物理的なものだけでなく、
宗教を信仰する自由といったようなことも必要だ。
これらは**人権**として知られている。

だれもが人権を持ってはいるけれど、
すべての人がそれをちゃんと使えているわけではない。
その原因は、貧困や暴力、不公正とともに生活していることかもしれない。
法の制定者たちは、この数百年にわたって、
人がどのような権利を持っているのかを説明する法を
文章にしようと懸命に努力してきた。
文章にすることで、法は守られやすくなり、
権利は無視されづらくなるんだ。

君の権利

肌の色、宗教、能力、貧富の違いにかかわらず、どんな人にも同じ**人権**がある。
人権は1948年に国連が作成した**世界人権宣言**という文書に記されている。
その内容は……

教育を受ける
権利

食料、住居、医療を
受け取る権利

考えたいことを考え、
言いたいことを言う権利

自由に移動する権利
——止められることなく、
あちこちに移動する権利

自分の信仰したいものを信仰し、
考えを変える権利

リーダーを選ぶ
権利

公平な裁判を受ける
権利

安全で公正な賃金の仕事を
する権利

18歳までの人には、遊ぶ権利などの、
特別な**子どもの権利**がある。

権利はあるのが当たり前と考えがちだけれど、それは権利を奪われていないからだ。

人権の働きは？

私たちの全員が人権を持っているの？世界の豊かな地域の人々だけのものではなくて？

人間であるだけで、生まれた瞬間から権利がある。でも、だれもが権利を持っているにもかかわらず、すべての人の権利が尊重されているわけではない。

残酷な扱いを受けない権利など、動物にも権利があるよ。

人権は普遍的なのかな？場所によって伝統が違わない？

ほとんどの国が人権を守る法律を採用している。人権は、世界中の文化や宗教が共有する価値観に基づいているんだ。

権利の中で言われる平等ってどういうこと？

それは、君に他の人と同じ権利があるということだ。だから、例えば性別や年齢、肌の色などを理由に、だれかが君を他の人と違ったふうに扱うのは許されない。それは差別と呼ばれる行為だ。

人権の中でより重要なものとそうでないものはある？

いや、全体が一緒に成り立っているんだ。権利の一つを取り上げれば、他のすべての権利が脅かされることになる。例えば、働く権利がなければ、衣食住に必要なお金を得られなくなるよね？

犯罪を犯したような人の権利を奪うことはできるの？

それはできない。でも、他の人を守るために権利の一部を制限することはできるんだ。でもそれ以外の権利、例えば拷問として知られる残酷な扱いを受けない権利などは、奪うことができない。

法における権利

権利が法に明記されていれば、それを尊重し、守り、全うすることがもっと簡単になる。
ここでは、**表現の自由**についての権利がニュージーランドの権利章典でどのように定義され、
保障されているかを紹介しよう。

権利章典によれば、
すべての人に、どのような形や種類の
情報や意見でもそれを求め、
受け取り、伝える権利がある。

この法は、
政府が表現の自由を尊重し、たとえ
政府自身が批判されたとしても、
それを妨げないことを
意味している。

法は言論の自由を守る——
その権利が尊重されなければ、
裁判を起こすことができる。

そして政府は、
人々が情報を求め、共有し、
受け取るのを助けることによって、
この権利を全うしなければ
ならない。

政府は
高齢者を
失望させた!

私は入居者に対する扱いを批判した
ことで、ケアホームを解雇されました。
裁判官は、私が違法に解雇された
という判決を下しました。

僕はケアホームのスキャンダル
について記事を書いている。
政府は、最近のケアホームの
調査を共有してくれているよ。

表現の自由は、とくに守られなくてはいけない大切な権利だ。
それがなければ、ケアホームで虐待を受けている人々がいるというような、
表現の自由以外の人権問題も指摘することができなくなる。

じゃあ、どんなことでも言ってもいいの？

時には、自分を表現することが他人やコミュニティ全体にとって有害になることがある。
だから多くの国の法律制定者たちは、言論の自由にある程度の限度を設けることで国民を守っている。

でも、時には権力者が自分の都合のために言論の自由を制限したがることもある──
例えば、世間からの批判をしりぞけたり、いかがわしい取引を隠したりするために。

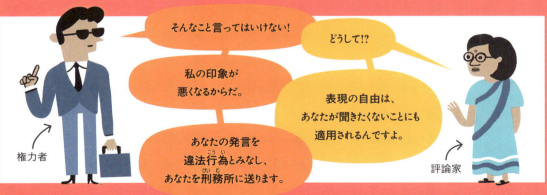

ジャーナリストや権利団体は、
人権侵害を暴き、告発するために活動している。
政府に圧力をかけ、
彼らが（例えば、批判する者を監禁することで）
ひそかに罰を免れようとする行為を阻止する。

権利を機能させる

法で権利が守られていても、現実にその権利を行使する時には、
他の人よりたくさんの障壁に直面する人もいる。

「仕事の真っ最中で、この会には参加できないわ。」

「その日はヨム・キプル（ユダヤ教の祭日）だから、私も行けない。」

「エレベーターがないから、3階に上がるのは大変だわ。」

保護者会
予定変更
10月8日（木）
午後2時
3階図書室

学校側には、この保護者たちが会に参加するのを難しくするつもりはなかったのかもしれない。
でも、ここで起きていることは**差別**だ——
ある人が、その人の持つ側面、例えば障害といったものを理由に、不公平な扱いを受けている。
多くの国には、差別を禁止して人々を守るため法律がある。

1999年、ポルトガルの裁判所が、ある離婚訴訟で、子どもは父親ではなく母親と暮らすべきだと結論した。

「裁判所はその理由を、私が男性と交際しているからだと言った。私はこの判決を不服として、欧州人権裁判所に提訴する。」

欧州裁判所は、この父親がセクシュアリティを理由に差別されたと結論した。

問題だったのは、裁判所が子どもを母親と暮らさせることを決めたことではなく、その判決の理由だった。

現在のポルトガルでは、離婚訴訟の際に親のセクシュアリティを考慮することは違法になっている。

複数の障壁

では、二つ以上の理由で差別に直面したらどうだろう？多くの人々がそうした状況にみまわれていて、法は彼らを守るのに苦労することがよくある。

> 僕はカナダ人じゃないから、この求人広告は2つの理由で僕を差別していることになる。

求人広告
3歳と5歳の子どもの面倒を見るカナダ人女性の子守を募集します。

いくつかの理由が組み合わさって、まったく新しい種類の差別が生まれることもある。

> すみませんが、当店では従業員のスカーフ着用はご遠慮いただいております。

> 私は女性だけどイスラム教徒じゃない。その方針は私を差別してないわ。

> 僕はイスラム教徒の男性だ。その規則があっても、ここで働くのを止めなくていいんだ。

> 私が差別されているのは、私がイスラム教徒の女性だからだわ。単にイスラム教徒だからでも、単に女性だからでもなくて。

このような差別を**インターセクショナリティ**、あるいはオーバーラッピングともいう。弁護士や裁判所は、このような差別に対処するはっきりとした方法をまだ見つけていない。

> インターセクショナルな差別から人々を守るためには、そのための特別な法律を作るべきなのかな？

> ジェンダーや宗教を理由に人を差別してはいけないという法に、すでに違反しているんじゃないの？

> ええ、でもこの場合、どちらの件も差別だと証明することができないでしょう。だってすべてのイスラム教徒やすべての女性を差別しているわけではないから。だからこういう状況に対応する特別な法がないと、裁判で争うのは難しいの。

83

権利のために闘う

今、たくさんの権利が法で守られているのは、変化をもたらすために運動した**活動家（アクティヴィスト）**と呼ばれる人々のおかげだ。1990年代のイギリスでは、公共空間での差別から障害者を守る新しい法律を求めて、活動家たちが運動した。その方法を紹介しよう。

抗議

自分たちの懸念に耳を傾けさせるために集団で集まることを**抗議**という。抗議は人権に含まれている。

バスに乗る権利を要求する

今すぐにエレベーターを！

僕は他の人たちと同じように旅行や買い物、仕事をしなきゃいけない。それが難しいのは、そういった場所が僕のように移動に困難がある人のためにデザインされていないからだ。

施しではなく、権利を与えよ。

すべての抗議がたくさんの人を巻きこむわけではない。小さな行動も変化をもたらす。

バス停

バスにスロープがないから、私たちは乗れない。でも運輸省の大臣たちは、障害者がバスに乗りたがっている**証拠**がないと言って、スロープを設置しようとしないの。

彼らに証拠を与えるために、私たちは乗れないバスの列に並んでいるんだ。

私たちを障害者にしているのは、行動の足りなさと差別であって、私たちの身体ではないのよ。

理解を深める

法律を変えるためには、しばしば、問題になっているテーマについて伝え、教育することで、人々の態度を変える必要がある。

自由
平等
障害

状況を良くする方法を学ぶために、大学で障害者学のコースを取っているんだ。

差別に直面する性的マイノリティの人々を支援するために行動を起こす人を**アライ**と呼ぶ。

法に挑戦する

抗議をする者は、主張のために大きな危険をおかして、特定の法律を守るのを拒否することがある。これを**市民的不服従**という。

私たちのメッセージを世界中に伝えるために、自分を鎖でバスにつなぎました。

僕を逮捕するのはいいけど、スロープがない警察車両には乗れないよ。どこまで行くつもり？

共に行動する

権利を求める運動の舞台裏では、たいてい、様々に異なる組織が活動していて、それぞれに抗議行動を組織し、嘆願書の署名を集め、法律を変えるために弁護士を雇い、政治家に圧力をかけたりする。

同情はいらない！

僕たちはいつも意見が一致するわけではないけれど、それでいいんだ！障害のある人は一人一人違って、それは他の人たちと同じなんだ！

仕事に見合う報酬を

イギリスでは1995年、長年の運動をへて、障害者差別禁止法が成立した。この法律は、職場や公共スペースをだれもが利用しやすいように合理的に変更することを義務づけている。でも変化の速度は遅く、スロープを増やすにも、人々の態度を変えるにも、まだまだたくさんの進歩が必要だ。

脅かされる権利

世界中で、人権が尊重されていない状況がまだたくさんある。
そんな状況を変えるためには、問題を見つけて、声を上げることだ。
注意すべき問題をいくつか紹介しよう。

「私たち」対「彼ら」という形になっている時

ジャーナリストや政治家、政策決定者は、人々を「私たち」と「彼ら」に分けることがある。これは、ある特定の人々の権利が他の人々の権利よりも重要であるように見せかけ、差別を正当化するのに役立つ。例えば、イギリスの新聞の見出しにこう書かれているとしよう。

私たち
イギリス人の両親から生まれた子どもたち

彼ら
現在増加している、イギリス人以外の両親から生まれた子どもたち

> 移民のベビーブームのせいで第一志望校に行けない５万人の子ども

> 移民の子どもたちは学校に行く価値がないと考える人もいるようだ。でも、問題は子どもたちではなく、通える学校がないということのほうだ！

特定の権利が特別扱いされる時

政府が、ある人権が他の人権よりも重要だと判断することがあるかもしれない──とくに、とても危険な状況においては。例えばテロリストによる攻撃があった後、警察は普段より多くの権限を使って、人々を逮捕し、より長く拘留することになるかもしれない。

> 逮捕される人が増えれば、より安全が守られるわ！

> でも、それは人々の自由という権利に対する攻撃でしょ。

> ねえ、危険は現実にあるんだよ──人々の安全を優先させるべきだと思う。

> そうかもね。でも、状況が良くなって法律を元に戻すことになった時のことを忘れていない？ ふつう、法律の規則は和らげるよりも厳しくするほうが簡単なんだよ……。

行動を起こす

問題を発見したら、行動を起こす方法をいくつか紹介しよう。

☐ **事実を学ぶ**
変化をもたらすためには、問題を理解しなくちゃいけない。ニュースサイトなどの、信頼できる情報源から事実を見つけ出そう。そして忘れてはいけないのは、君が読んだり聞いたりしたことすべてが真実であるとは限らないし、単なる一個人の意見にすぎないかもしれないということだ——とくにソーシャルメディア上では。

☐ **支援する**
すでにその問題に取り組もうとしているチャリティや団体がないか調べてみよう。寄付を募ったり、メッセージを伝えたり、自分の時間を提供したりすることで、その団体を支援することができる。

☐ **議員に手紙を書く**
地元の政治家と連絡を取り、意見を伝えよう。

> 論説委員さま
> 私が伝えたい
> 不満は……

☐ **メディアに問いかける**
メディアの報道は一方的ではないだろうか？彼らの意見を事実のように伝えてはいないか？

☐ **発言する**
身の回りの人々との会話の中で、人権の大切さを話して、理解をうながそう。

> 相手への尊敬と礼儀を忘れなければ、話を聞いてもらえる可能性が高くなるよ。

世の中を立て直すのは、弁護士や裁判官、さらには政治家だけの仕事じゃない。不正義や暴力や差別に対して声を上げ、権利が尊重されるようにするかどうかは、あらゆる人々に問われているんだ。

トップの裁判官にも
私に似ているところはある?

正義は
お金で買えるの?

法は公平?

警察ではだれもが
平等に扱われているの?

第 ⑥ 章

正義

人々はよく「法」と「正義」を同じもののように話す。
結局のところ、あらゆる規則、裁判所、弁護士、裁判官といったものを含む
法にとって一番大切なのは、正義を実現することだ。
でも、正義とは実際何なのだろう?

そして、どんな人にも同じように正義が果たされているのだろうか?

正義って何?

正義とは公平さのことだ。
正義が果たされると、よく、道徳的に正しいことが起こった、という感覚になる。
でも、正義の意味は一つだけじゃない。

例えば、このメリアという少女にとって正義とはどのようなものだろう? メリアと母親のイメルダは、化学薬品を作る大工場の近くに住んでいる。その工場はたくさんの汚染ガスを排出している。

メリアは公害のせいで重い病気になったんです。

肺がいつも苦しいの。それに、毎日薬を飲まなきゃいけない。

過ちを正す

正義が「悪いことが起きた時に償いをすること」を意味する場合がある。

正義を得るために、イメルダは工場を経営する会社を裁判で訴えることができる。

会社が悪いことをしたと裁判所が認めたら、それは公平なことだと思えるわ。

そして会社はメリアに賠償金を支払うべきよ。治療費のためにね。そこまでしてやっと公平と言えると思う!

ルールは公平か?

正義とは、「何が正しくて何が間違っているかについての公平なルール」のことでもある。
メリアが賠償を受けるためには、彼女を汚染から守る公平なルールがなければならない。

僕たちの法律を決めている人たちは、工場のせいで人々が病気になってもいいと考えてるのかな?

公平な扱い

正義とは、「法の前ではだれもが平等に扱われる」ということでもある。

メリアは法制度の中で公平に扱われなければならない。他の人と同じように、賠償金を得るチャンスがなければならない。

> 裁判官はメリアの言うことを**真剣**に聞くかしら？

> イメルダには弁護士を**雇う余裕**があるのかな？

> 工場のオーナーは一流の弁護士を雇えるに**違い**ないよ。

確率は公平？

そもそも社会の中で、メリアのような**恐**ろしい**状況**に**陥**る可能性が他より高い人たちがいるかどうかでも、正義が果たされているかどうかがわかる。

> 公害が本当にひどいのは、たいてい私たちのような貧しい地域。公平じゃないわ。変化を起こさないと。子どもたちはきれいな空気を吸う資格がある。

社会全体にとっての正義を**社会正義**という。私たちが「正しい」と言う社会は、だれもが同じだけの機会を持てる社会だ。でも悲しいことに、**貧困**や人種差別、あるいはその両方といった障害に直面している人々は、良い教育、安全な家、法制度における正義といった基本的なことを得るために、大きな苦労をする可能性が高い。

法は正義か？

法の目的が正義を実現することだというのは、多くの人が認めるだろう——
でも、だからといっていつも実現できているわけじゃない。法が不正義を生むこともある。

異なる待遇

いくつかの法は、特定の人々の暮らしを過酷なものにする。
下記のような、はっきりとした差別が法律に明記されることは、世界中で減ってきている。
でも最近の歴史を振り返ってみると、差別的だったり、差別を容認したりするような法の例はたくさんある。

サウジアラビアでは2018年まで、女性が車を運転することは許されなかった。

アメリカでは1965年まで、貧しい黒人には投票権がなかった。

同性間の性行為を死刑で罰する国は、まだ6カ国もある。

イギリスでは1970年まで、まったく同じ仕事をしても男性のほうが女性より高い賃金を得ることが法的に認められていた。

2021年まで、トランスジェンダーの人は米軍に入隊できなかった。

1930年代にヒトラーが導入した法は、ドイツでユダヤ人が財産を所有したり、事業を営んだりすることを禁止していた。

2019年にインドで制定された新しい法は多くの移民に市民権を与えたけれど、イスラム教徒は除外された。

異なる負担

全員が守らなければいけない法はあるけれど、だれもがみな同じ状況にあるわけではない。例えば多くの国には、ある決まった商品を買うたびに政府にお金（税金）を納めなければならない、という法がある。

テントを買ったんだけど、買う時に20ポンドの税金を払わなきゃいけなかったのよ。

わたしも！早くキャンプに行きたいな。

税金の仕組みは公平だとは思えないわ。

税金のことは考えもしなかった。みんなが同じ法を守っているんだから、公平じゃないの？

でも、20ポンド追加で支払うことは、使えるお金が他の人より少ない私には大変なことなんだよ。

ああ。そうか。でも、そんなにお金がないなら、なんでテントなんか買うの？

どんなにお金がない人でも、みんなと同じように楽しむ権利があるはずでしょ。

そうか、そう言われればそうね。言いたいことはわかる。

足りないもの

不正義に向き合うための、重要な法が欠けていると感じている人もいる。

すべての人に同じ程度の教育を与えるための、新しい法が必要だ。お金持ちの子どもばかりがより良い教育を受け続けていたら、貧富の差は大きくなるばかりだ。

気候危機を引き起こしている国々が、一番深刻な影響を受けている貧しい国々に資金を支払うことを定めた国際法がほしいんだ。

奴隷にされた先祖がいる黒人に対して、アメリカ政府は補償金を支払わなければいけない、という新しい法を作ってほしい。奴隷制度が、多くの黒人家族を何世代にもわたって不利な立場に置いてきたんだから。

こうした法律は、とてもたくさんの人々が支持すれば作られるかもしれない。大切なのは、どうすれば世界がより公平な場所になるか、そしてそのためにどんな法があればいいかを、議論し続けることだ。

法制度は公平か?

正義を実現するためには、法が公平に適用されなければいけない。
それこそが、警察から裁判所まで、法制度に携わるすべての人が一緒になってやるべき仕事だ。
不公平を見抜くためには、法制度に接した人たちを見てみるといい。

犯罪を通報しても、警察に信じてもらえる
可能性が低い人がいないだろうか?

犯罪を犯しても逃げられる可能性が
高い人がいないだろうか?

強盗にあった時、
だれも信じてくれなかった。
身なりが良くなかったからかな?

私は違法な薬物を
服用しているけど、
警察に疑われることはないの。

見た目や住んでいる場所のせいで
警察に呼び止められる可能性が
高い人はいないか?

警察から暴力を振るわれる可能性が
高い人がいないか?

僕は犯罪を犯したことがないのに、
いつも警察に呼び止められて
身体検査されるんだ。

2019年のイングランドとウェールズでは、
黒人は白人の9倍の確率で警察に呼び止められ、
身体検査をされていた。

警察は法を守らせ、人々を守るために
存在するけれど、
時には人々を傷つけることもある。
98ページで詳しく見てみよう。

法廷審問に参加できない
人がいないか?

裁判所に通じる階段を
上ることができないんだ。
リフトかスロープを付けてほしい。

私は裁判所で使われる言葉と同じ言葉が
話せないし、通訳もいないの。

有能な弁護士に依頼できる可能性が高い人はいないか？

詳しくは96〜97ページを見てみよう。

裁判官から好意的な判決を得る可能性が高い人はいないか？

ニューリン判事は頼りになるよ。僕の叔父の友人だからね。

偏見や固定観念のせいで、裁判官や陪審員に不利な判決を下される可能性が高い人はいないか？

陪審員は、ボーイフレンドが私を襲ったという話を信じなかった。

女性を傷つけるのは見知らぬ人だとみんなが思いこんでいたのかもしれないね。

でも、それは嘘よ。

もちろんそうだ。でも、多くの人がそれを信じてる。

……他の人より民事訴訟を起こせる可能性が高い人はいないか？

だれかが僕について嘘だらけのブログを書いたんだ。

私も経験があるわ！

名誉毀損だよ。その人に裁判を起こして、5万ドルの損害賠償をとったんだ。

すごい！ そんなことができるなんて知らなかった。

父が弁護士だから、どうすべきか教えてくれたんだ。嘘を公表されたら、すぐに行動を起こさなきゃいけない。

私にもそんな助けがあったらな。今さら何をやっても遅いわね。

もしあなたの住んでいる地域の法制度が特定の人々を違ったふうに扱うのであれば、それに対してできることを86〜87ページと116〜117ページで確認してほしい。法に関わるどんな事件も公平であるべきだけれど、どんな制度でも時には間違うことがある。誤りを正すのは控訴裁判所の仕事だ（28〜29ページを見てみよう）。でも法制度は、特定の人々にとってうまくいかないようなものであってはいけないはずだ。

95

正義の値段

法は複雑で、ほとんどの人には、そのすべてを理解するのに弁護士が必要だ。
でも、弁護士を雇うにはとてもお金がかかる。さらに悪いことに、弁護士をもっとも必要としているのは、
時として、もっとも弁護士を雇う余裕のない人たちだ。

大家が僕を家から追い出そうとして、鍵を変えたんだ。僕は10年間ここに住んでいて、何も悪いことはしていない。

弁護士がいれば、この男性が自宅に留まれるようにすべきだと裁判所を説得できる。

私には学習障害があって、日常生活の手助けが必要です。でも、自立して生活するために必要な資金援助の申請を政府に却下されました。

弁護士がいれば、政府が**社会扶助手当**や**給付金**と呼ばれる経済的な支援をサーシャに支払うべきだと裁判所を説得できる。

私はイルハン。仕事をクビになりました。私がイスラム教徒であることが気に入らなかったからだと思います。

弁護士がいれば、雇用主によるイルハンへの差別があり、彼女に賠償金が支払われるべきだということを証明する助けになれる。

僕はやってもいない罪で告発された。

弁護士がいれば裁判所で彼を弁護し、無実を証明することができる。

私は弁護士です。1時間の相談でこれだけ請求します。

そんな余裕はないよ。私は病院で清掃員をしているけど、1週間働いてもそんなお金は稼げない。

僕もだ。家賃や請求書や食費を払うのに、今持っているお金がぜんぶ必要なんだから。

私もそう。

私も。じゃあ、どうすればいいの？

法律扶助

貧しい状態にある人たちが裁判所で公平な結果を得られるようにするために、一部の弁護士は無料で働いたり（**プロボノ**と呼ばれる）、クライアントが裁判に勝った場合にのみその時間分の報酬を請求したりする。多くの場所では、政府も法的な支援のために支払いをする。これが**法律扶助**だ。

これは一見良さそうに思える。でも法律扶助に頼る人は、自分のお金で弁護士を雇う余裕がある人にくらべて、まだ不利な立場にあることが多い。

となると、貧しい状態にある人たちにとっては、正義が果たされる可能性が常に低いということになるのだろうか？　君はどう思う？

法を執行する

警察の仕事は法を執行することだ。
でもアメリカでは毎年、何百人もの人々が警察に殺されている。
さらに悪いことに、黒人は白人のおよそ3倍の確率で警察に殺されている。
いったいなぜ？　その問題に対して何ができるのだろう？

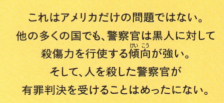

> どうして警察が人を殺すの?
> 僕たちを守ってくれるはずじゃなかったの?

> 私たちの仕事では、
> 自分自身や他のだれかを守るために、
> 時には殺傷力──人を殺せるほどの力──
> を使う必要があるんだ。

> じゃあ、人がとても危険なことをしていれば、
> あなたがその人を殺してもいいということ?

> そうだね。実際に法律では、
> だれかが危険な状態になりそうだと思えたら、
> 私たちは殺傷力を使えることになっている。

> 思えたらだって!?
> 使うかどうかを決めるまで、
> どれくらい考えているの?

> 私たちはとてもすばやく
> 決断を下さなければいけないんだ。
> 状況を判断してから銃を撃つまでに、
> ほんの数秒しかないこともある。

> 人を一瞬で判断するのは恐ろしいことだよ!
> 怖いのは、人種差別のせいで、
> 黒人を危険な人物だと思いこみやすい
> 警官もいるってことだ!

> 君の言う通りだ。人種差別は私たちの周りにも、
> すべての人の内側にもある。
> そしてそれがとくに表に出るのは、
> 極端に緊張した状態にある時だ。

> 警察官は、危険がないのに
> 危険だと判断することがあるよね。
> 携帯電話に手を伸ばしただけなのに、
> 凶器を手に取ろうとしたと思いこむかもしれない。

> 残念ながら、
> 確かにそういうことはある。

> そんなの不安だし、
> 怒りを感じるよ。

これはアメリカだけの問題ではない。
他の多くの国でも、警察官は黒人に対して
殺傷力を行使する傾向が強い。
そして、人を殺した警察官が
有罪判決を受けることはめったにない。

権力を持っているのはだれ?

裁判官は大きな力を持っている。それなのに、様々な場所の裁判官が社会の**多様性**——つまり人種、ジェンダー、宗教、セクシュアリティ、障害や家族の裕福さの違い——をきちんと反映していない。なぜ多様性が重要なんだろう?

自分と似たような裁判官がいたらいいなと思ってる。そうじゃない人は、私に偏見を持つかもしれないでしょ。本当は有罪じゃなくても、有罪になっちゃうかもしれない!

公平であるのが裁判官の仕事で、みんな書かれた法に従っているんでしょ。そんなに違いが出るのかな?

でも法律にはあいまいな部分もある。そういう部分の判断は、きっとその裁判官の経験に影響されると思う。

でも、もし一人の裁判官の周りに多様な背景をもつ裁判官がいれば、せめて違った視点からお互いに相談することができるよね。

そこが問題なんだよ! 私と似たような顔や印象の裁判官はほとんどいないもの。これじゃあ、法制度が私のためにあるとは思えない。

そんな! そういう風に感じる人がいるのは、社会にとって良くないよね。

そう。私は法を契約のようなものだと思ってるの。私たちが法律を守るかわりに、問題があったら法制度が対処してくれる、っていう。

じゃあ、もし法制度が私たちのために働いてくれないなら、なんでこっちが法を守らなきゃいけないんだろう?

うん、わたしも時々それを考えることがある。

もっとも力のある裁判官は最上級裁判所にいる。
そしてそこではふつう、もっとも複雑で重要な事件についての判決が下される。
でも、そんな最上級裁判所にこそ、一番多様性がない。例えば2020年はこんな状況だった。

アメリカでは
黒人女性が
最上級裁判所の
裁判官になったことは
なかった。

世界中で、
裕福な家庭にいた人のほうが
上級裁判官になれる
可能性が高かった。

イギリスの
最高裁判所には、
男性であれ女性であれ、
白人以外の裁判官は
いなかった。

インドの
上級裁判官のうち、
女性は
わずか10%だった。

裁判官の男女比が同じ
というところはほとんどなかった。
でも、それは可能なんだ
――ザンビアでは、
上級裁判官の半数以上が
女性だった。

カナダやオーストラリアの
最上級裁判所に、
先住民*の判事は
一人もいなかった。

*「先住民」とは、ヨーロッパの入植者がやって来る
はるか以前から、その土地に先祖の一族が住んで
いた人々のことだ（39ページを見てみよう）。

裁判官になるには

裁判官になるまでの道のりは、場所によって変わる。まずは何年も弁護士として働くところもある。
直接、裁判官としての訓練を受けることができるところもある。
法律事務所や政府は、様々な背景を持つ若者たちに、
法律の世界で訓練を受けるよう勧める制度を作ることで、多様性を高めることができる。

この人はアメリカ合衆国、ワシントン州の上級裁判官、
グレース・ヘレン・ホイットナー。

この人はイギリスの上級裁判官、
ラビンダー・シン。

私はレズビアンであり、女性であり、
黒人であり、障害者で、
移民の裁判官です。

法曹界に代表者がまだいないような
背景を持つ若者たちを支援して指導することは、
とても重要なことです。

人々が多様な裁判官を
目にすればするほど、
あらゆる社会的背景を持つ人たちが、
自分も裁判官になれると
感じるようになるだろう。

なぜ暴力的な
人がいるの?

人々の安全を守ることと
プライバシーを守ること、
どっちが大切?

弁護士が、
有罪だとわかっている人を
弁護することはある?

第 ⑦ 章

大きな疑問

法制度は何世紀にもわたって存在してきたけれど、
今でもはっきりとした答えが出ていない大きな疑問がいくつかある。

この章で探ってみたいのは、多くの人が考えてみたことがあるような
「刑務所はうまく機能しているのだろうか?」といった疑問や、
もしかしたら君がまだ考えたことがないような
「川に権利はあるの?」といった疑問だ。

人々や環境に気を配るためにどんなふうに法を使えばいいのかについて、
みんなが同じ意見を持っているわけじゃない。
いろいろな議論の一部を読んで、君自身の意見を考えてみよう。

刑務所はうまく機能しているの？

犯罪者は世界中の刑務所に収容されているけれど、
刑務所が実際にうまく機能しているかどうかについては意見が分かれている。

刑務所は社会のすべての人の
安全を守るためにあるはずだ。
でも、本当にそうなっているだろうか？

刑務所はだれかが犯した罪に対する
公正な罰であるはずだ。
でも、本当にそうなっているだろうか？

刑務所は人々の安全を守ってるよ！
とても危険な人たちを社会から引き離して、
害がおよばないようにするの。

僕は襲われた。それから数カ月間、
怖くて外に出られなかったんだ。僕が自由を失ったんだから、
襲った男もしばらくのあいだ自由を失うのは
公正だと思う。

でも、刑務所自体が
囚人や職員にとって危険になることも
あるでしょ。

私は刑務所に入った。
でも、二度罰を受けたと思っている。
一度は獄中生活で……

看守が足りていなくて、
過密状態だったらなおさらだよ。

……そして今、
刑務所にいたことを理由に、
だれも仕事をくれないんだ。

ということは、
刑務所は一部の人々の
安全を守るだけなのかな？

僕はだれも傷つけていないけど、
罰を受けたよ。
パパが拘禁されているあいだ、
パパにほとんど会えなかったんだ。
公正じゃないよ！

平均すると、刑務所から出所した人の約半数が、再び犯罪を犯す。このようなことを減らすには、刑務所が受刑者に、訓練やその他の支援を提供するのが効果的だ。もし受刑者が危険でなければ、そうした支援は刑務所の外で提供したほうがいいのだろうか（刑務所への収監以外の刑罰については26〜27ページを見てみよう）。君はどう思う？

なぜ暴力的な人がいるの？

ある人が他の人を傷つけた時、はっきりと正義を求めたくなる——
その人を捕まえて、罰さなければ、と思う。
でも、なぜ暴力的な人がいるのだろう？
そもそも、暴力的な犯罪はどうすれば防げるんだろう？

暴力的な犯罪者は、だれかを傷つけることをあえて選んだ「悪い人」だと思われることがある。
でも研究者によれば、成長する時につらい思いをした人はより暴力的になりやすいという。
以下のような例がある。

暴力的な家庭
家庭で暴力を見た子どもはその行動から学び、自分も暴力的になる確率が高まる。

チャンスがない
人生の選択肢が少ないために、拒絶されたという怒りを感じ、それが暴力につながることもある。そうなるのは、読み書きを教わったことがなかったり、仕事のない荒廃した地域に住んでいたりしたからかもしれない。

養育しない養育者
親や養育者が信頼できず、感情の交流に乏しい場合、子どもは健全な人間関係の築きかたを学ぶのに苦労する。家族ではなく、公的機関で養育されている子どもにも、そのリスクがある。

中毒
薬物やアルコールを使用すると、暴力的になる可能性が高くなる。弱い立場の人、例えば頼れる家族のいない若者は、薬物やアルコールに溺れる可能性がより高くなる。

これらは暴力の**危険因子**として知られている。こうしたことを経験した人の中には、
暴力を避けるという選択が難しいと感じる人がいるかもしれない。

このような経験をしていても、暴力を避けられる人がいるのはなぜだろう？
研究者たちは、彼らの人生に次のようなポジティブなことがあったからではないか、と考えている。

- ポジティブな大人の
ロールモデル（尊敬し、
憧れられるような人）
がいた

- 対立を解決するための
優れた能力があった

- 学校での成果を
誇らしく感じられた

スコットランドでは2009年以降、暴力的な犯罪が急激に減っている。
これは、暴力を振るう危険性のある人々を支援する制度のおかげだ。

いくつか例を挙げよう。

サポートワーカーが、ケンカで
怪我をした入院患者を見舞う。

荒れた地域にある学校では、
子どもたちが自分の感情に対処し、
対立を解決する手助けをする。

グラスゴーにあるカフェでは、
暴力的な犯罪で有罪判決を
受けた人々に仕事を与えている。

「何かできることはある？
これが僕の電話番号だ。
話したければ電話して。」

「今までだれもそんなことは
言ってくれなかった。
もしかしたら、
お酒をやめる手助けを
してくれるかも？」

「私が着ているシャツを
笑われたの。」

「どんなふうに感じたかな？」

「ちょっと悲しい。」

「仕事は私の人生をもう一度
軌道に乗せるために必要な
仕組みと能力を与えてくれる。」

「カフェには**メンター**
（気にかけて、導いてくれる人）が
いるんだ。彼女が素晴らしい
お手本になってくれてる。」

暴力を減らすこのやりかたは**公衆衛生**的な方法と呼ばれている。
なぜなら、暴力を単に「悪事を働くという選択」と捉えるのではなく、人々のあいだに広がる病気のように扱うからだ。
この方法では、司法制度の外にいる人々が、正義にまつわる問題の解決に協力する
——正義は、警察や弁護士や判事だけが関わる問題ではないんだ。

有罪の人を弁護する

弁護士は、有罪だとわかっている人物を弁護するために法廷に立つことがあるのだろうか？ それは許されるのか？ 法律にまつわる他のたくさんの事と同じで、その答えは少し複雑だ。

こんな状況を想像してみよう。

上のようなことは許されない。弁護士は裁判所に嘘をついたり、証人に嘘の証拠を出させたりすることはできないからだ。とはいえ、依頼人が有罪かどうかを弁護士がはっきりと知っていることは、ほとんどない。

この2番目のバージョンは実際に許されていて、はるかに一般的なものだ。

弁護士は、検察側の証拠が、陪審員が依頼人を有罪にするほど強力かどうかに、つまり実際に犯罪を犯した（「事実の面で有罪」）かどうかではなく、「法的に有罪」であるかどうかに焦点を当てる。

テクノロジーは犯罪解決に役立つ？

カメラやセンサーとつながったコンピューターは、情報を選び、パターンをすばやく見つけることができる。警察や治安当局にとっての強力な道具だ。提供されているテクノロジーの一部を紹介しよう。

特殊な顔認識カメラは通行人の顔をスキャンして、警察の監視リストに載っている人物と顔が一致するかどうかを確認する。

飛行機は特殊な装置を載せていて、被疑者の携帯電話の信号を追跡して捜索することができる。

飛行機が飛ぶと、その下の地域のすべての携帯電話が装置に接続される。そうしてコンピューターは探していた携帯電話の信号を拾い出し、位置を特定する。

スピードカメラはスピード違反をする車を撮影する。そしてコンピューターが車のナンバープレートと登録住所を照合し、罰金を請求する。

治安当局はコンピューターを使って人々のオンライン上の行動を調べ、何か良くないことが行われていないかどうかを探すこともできる。

プールの営業時間

バットマンとスパイダーマン、戦ったらどっちが勝つ？

爆弾の作りかたは？

何が問題なの？

こうしたテクノロジーは、人々により安全だと感じてもらうために設計されている。でも、強力になっていくテクノロジーは、人々の**プライバシー**の権利を脅かすようになる。法を破る少数の人を捕まえるためだけに、すべての人が監視されなくてはいけないのだろうか？

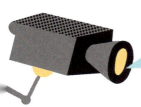

私はあなたたちの安全を守ります。警察官がいつもすべての場所にいることはできないので、我々の目が加わることで仕事をやりやすくするのです。

でも、君はあらゆる人の情報を、たとえ何も悪いことをしていなくても記録しているでしょ。僕たち全員を犯罪者みたいに扱っているんだ！

隠さなきゃいけないようなことがないなら、何が問題なんです？

僕が何か悪いことをしたと言える正当な理由がそっちにない限り、僕には監視をされない権利がある。人に知られるのが恥ずかしいことをしているのを見られたらどうするの？

ご心配なく、無実なら映像は削除します。

でも、そんなの信用できる？集めた情報をだれが監視しているの？それが企業に売られたらどうなるの？

でも、あなたが信用している携帯電話も、あなたの顔をスキャンして、居場所を把握しているでしょう。何が違うんですか？

じゃあ、どちらも信用しないほうがいいかもしれないな！

法律家や裁判所にとっても、これは難しい議論だ。どうやって人々のプライバシーを守るのか？治安当局はどんな情報なら集めてもいいのか？ アメリカやヨーロッパの裁判所は、容疑者をターゲットにすることはかまわないが、すべての人をこっそりと調査することは良くないと判断する傾向にある。例えば、治安当局は容疑者の電話記録を調べることはできても、すべての人の電話を傍受することは許されていない。

111

もし動物が自分の家を所有していたら？

毎年、何万もの動物種が死に絶え、**絶滅**している。
動物たちが直面する最大の脅威の一つは、
汚染や樹木の伐採、建築物建造による、住処の破壊だ。

すでに多くの国で、動物の住まいを保護する
何らかの法律がある。

たとえ「あなたの」土地であっても、
巣をじゃましたり、取り去ったりすることは
ふつうは違法なんだ。

一部の動物に所有権を与えるという考えかたは、動物を保護するという考えよりも一歩先に進んでいる。
法的には、それは**信託**ということになる。信託とは、人が別のだれかのために財産を保有することだ。
この場合、一部の土地は動物のものになるけれど、それは人間によって、動物のために管理されることになる。

どの動物が土地を所有するの？

動物は行ったり来たりするので、土地を所有するのは
特定の種というよりも**生態系**——つまりその地域に
住む生物のコミュニティ全体、ということになる。

だれが土地を預かるの？

信託された場所を管理できるのは
野生動物の専門家だけで、
彼らは厳しいルールに従わなければならない。

私はここを離れるけど、
家族が来年また戻ってくるよ！

うーん、私たちに代わって
土地を管理する人間のことは
信用できるだろうか。

完璧なアイデアはないし、それですべての問題が解決するわけでもない。
でも動物が所有する土地にいる人たちは、人間が所有する土地では考慮されないような
動物の利益を考えなければならなくなるだろう。

私は弁護士に
なれる?

どうすれば議論が
うまくなる?

弁護士は
いい大統領に
なれるの?

第 ⑧ 章

つぎはどうする？

法は単純だ、とは言えないよね？
明快で、公平で、人々が実際に従えるようなルールを設定することは、
不可能に思えることもある。でも、いいかい？
厄介な問題があるからこそ、法は面白いんだ。

もしそれに賛成してくれるなら、この章を読んで、
法の世界を探求するために君ができることを見つけてほしい。
自分で法を作ったり変えたりする方法を見て、
いつか法関係の仕事に就きたくなるかどうかを
確かめてみよう。

実際にやってみる

法律についてもっと知り、役立つスキルを身につけるために
できることはいろいろある。

裁判を見る

多くの裁判は、一般に公開されている。
最寄りの裁判所に電話したり、
ウェブサイトを見たりすれば、
裁判の内容を知ることができる。

警察の内部を見る

場所によっては、警察が主催する
イベントに参加できるところもある。
そこでは、キャンプに出かけたり、
応急手当の技術を学んだり、
地域のイベントを手伝ったり、
警察の捜査をサポートしたりもする。

ルール作りに参加する

学校によっては**生徒会**がある。クラスメートの代表として選ばれた生徒のグループだ。
生徒会があれば、生徒は、自分たちに関わる学校の問題について発言することができる。

「時間割を調整することはできませんか？
授業と授業のあいだに
十分な時間がないんです。」

「とても興味深い提案ね。
提起してくれてありがとう。」

「いつも次の授業へと
急がなければいけないから、
廊下を走らないで、
と小言を言われることになるんです。」

自分の学校にまだ生徒会がなければ、作るよう提案することもできる。
自分が生徒会に入りたくなくても、良い仕事をしそうな友達の立候補を助けることもできる。

法律を変える

法律を変えることを目指す活動を**キャンペーン**という。君が関心を持てるキャンペーンを探してみよう。キャンペーンのねらいは、評判の悪い法律が施行されるのを止めたり、今はまだない新しい法律を導入させたり、今ある法律を人々がもっと公平に利用できるようにすることだ。

君ができること——

- 抗議に参加する。
- チャリティ団体やその他のキャンペーン団体からのメッセージを共有する。
- 自分のいる地域の政治家に手紙を書く。

ディベートを学ぶ

ディベートは、一つの決まったテーマについての体系的な議論のことだ。反対の立場に立った2つのチームが、それぞれに等しく与えられた時間の中で発言して、自分たちのほうが説得力があると思われることを目指す。ディベートを通じて君ができることは……

- ……問題を様々な角度から見ること。
- ……問題についての意見を構成すること。
- ……リサーチ能力を高めること。
- ……人前で話すこと。
- ……なぜそう思うのか、理由を説明すること。

こうした能力は、まさしく弁護士や政治家や社会運動家に必要なものだ。ディベート・クラブがある学校もある。もし君の学校になければ、作ることもできるかもしれない。

模擬裁判をやってみる

模擬裁判も、授業や部活で行う活動の一つだ。歴史上の人物や架空の人物、あるいは動物を題材にすることもできる。参加するグループの全員に役割が割り当てられる——被告人、弁護士、証人、裁判官、陪審員など。

「コウモリよ、君たちは新型コロナウイルスを人間に広めた罪で告発されています。」

「私たちは無罪を主張します！」

主張を構成する

だれかに納得させたいことがあるなら、はっきりしていて、堅実で、説得力のある主張を形づくる必要がある。弁護士も裁判の前にそれをやっている。ディベート大会の準備でも、同じ作業をする。

オジャクとオリーブは花火についてのディベートに参加している。ふたりが主張している要点はこうだ。

花火は危険なので禁止すべきだ。

「私たちの主張を支えている理由はこちらです。」

オジャク

- 花火は動物を怖がらせる。
- 花火は怪我の原因になる。
- 花火は火事の原因になる。

「私たちはその理由を裏付ける証拠を調べてきたんだ。」

オリーブ

犬の飼い主を対象にした調査では、62%の犬が花火を苦痛に感じていることがわかった。

旧正月、ディワリ(ヒンドゥー教のお祝い)、アメリカの独立記念日、イギリスのガイ・フォークス・ナイトなど、人々が花火をする日には、怪我をして病院に行く人がとても増える。

2018年のアメリカでは、花火が原因の火災が1万9500件あった。これらの火災は森林を破壊し、財産を損なわせ、負傷者や死者を出した。

オリーブとオジャクは、自分たちの主張のために準備するだけでなく、ディベートで競う相手が準備しているかもしれない主張を推測しようとする。

「私たちの主張に反対する一番強い主張を見つけようよ。」

www.fireworks.com
もし花火が違法になったら、人々はこっそり花火を作って売るだろう。花火は規制されなくなって、もっと危険になるかもしれない。

「うーん、どう反論すればいいんだろう？警察は光や音をたどって、違反した人たちを捕まえることができるかもしれない、と言えないかな。」

ディベート本番になると、オリーブとオジャクは自分の主張を伝えるためにそれぞれにスピーチをする。彼女たちははっきりと話し、慎重に言葉を選ぶ。

オジャクが最初に自分の主張を述べ、それから自分たちの主張の全体像を説明する。

「花火が禁止されるべき説得力のある理由が3つあり、そのすべてに確かな根拠があります。その1……」

感情のこもった言葉を使うことで、聴衆を味方につけることができる。

「人間の楽しみのためだけに、罪のない動物たちが混乱して恐怖に怯えるのは公正と言えるでしょうか？」

オリーブは反対意見とそれへの反論をスピーチの中に組みこむ。

「花火を禁止すれば、違法な花火が無秩序に出回ることになる、と言う人がいるかもしれません。でも、私は……。」

最も説得力のある主張には、事実による根拠と裏付けがあるものだ。これにはたくさんの準備が必要になる（だから弁護士は時々、裁判所に行く前の夜に遅くまで起きているんだ）。でも、どんなに強い主張でも、その日は勝てないかもしれない——もし人々の気持ちがすでに決まっていたりしたら。

「オジャクさん、オリーブさん、おつかれさまでした。でも私はおふたりには反対です。花火は禁止されるにはあまりにも楽しすぎるんです。」

パチパチ

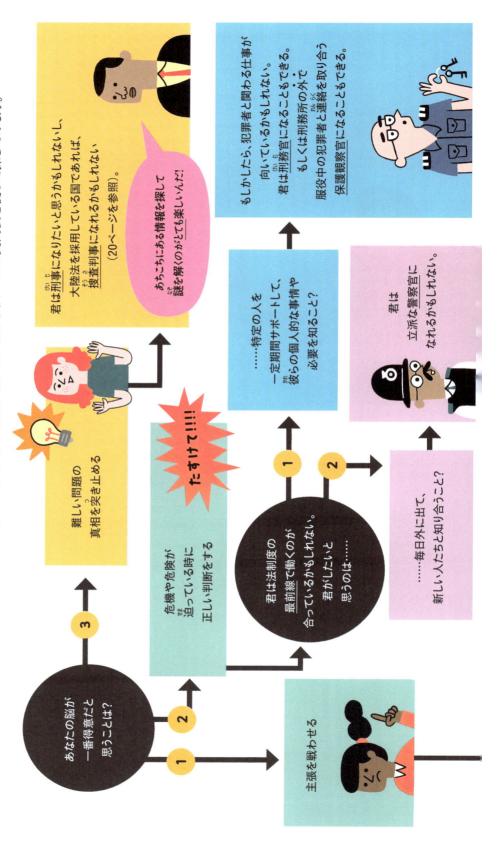

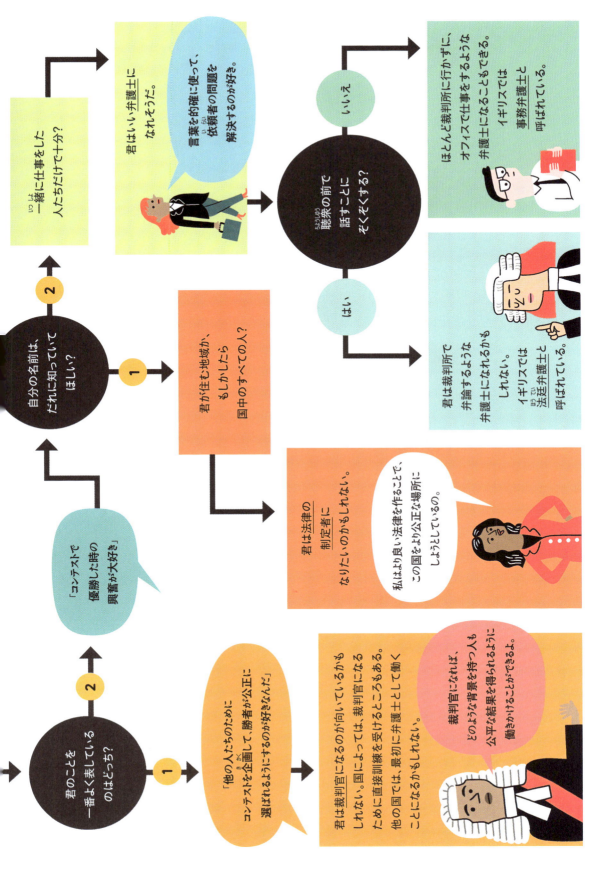

この人を知っている?

……マンデラ、ガンディー、ヴェイユといった名前を聞いたことはある?
ここ150年のあいだに登場して、私たちに刺激をくれるこれらの人物は、
みんな弁護士として訓練を受けて、そこで学んだ法の知識を使い、
世の中に大きな変化をもたらしたんだ。

ガンディーは何百万人もの人たちを
励まし、非暴力的な抗議活動で
イギリスのインド占領に抵抗した。

私はイギリスの法を破り、
逮捕と収監を平和的に受け入れることで、
イギリスに抵抗したんだ。

南アフリカで弁護士として
働いている時に、人前で
話すことへの恐れを克服した。

抵抗運動のために、
何度も収監された。

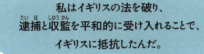

モーハンダース・ガンディー
イギリスに支配されていた
インドの独立闘争の指導者
(1869〜1948)

私は多くの女性の権利が
法律で守られるよう働きかけました。
例えば、すべての女性が避妊手術を
受けられるようにしました。

1990年、ソビエト連邦と
アメリカ合衆国、および
その同盟国間の冷戦を
平和的に終わらせた功績により、
ノーベル平和賞を受賞した。

ミハイル・ゴルバチョフ
ソビエト連邦大統領
(1931〜2022)

シモーヌ・ヴェイユ
フランスの政治家、法律家
(1927〜2017)

私はこれまでずっと、
人権侵害の被害者を
弁護してきました。

弁護士として
働いたのちに
政治家に転身した。

私は大統領として、
高額すぎる医療費について
の法律を成立させ、
同性婚を合法化することに
成功しました。

シーリーン・エバーディ
人権派の弁護士で、
イラン初の女性裁判官
(1947〜)

バラク・オバマ
アメリカ初の黒人大統領
(1961〜)

法務大臣として1950年に婚姻法を制定し、強制的な結婚を違法にして、女性の権利を向上させました。

1930年代には上海で弁護士事務所を経営していた。

私を覚えていますか? 私は55ページのブラウン事件の主任弁護士です。あの出来事が、黒人と白人の子どもたちを人種分離した学校の廃止につながりました。

史良(シー・リアン)
中国の弁護士、法務大臣
(1900〜1985)

サーグッド・マーシャル
アメリカの公民権弁護士、黒人初の最高裁判所判事
(1908〜1993)

ネルソン・マンデラは、**アパルトヘイト**と呼ばれる南アフリカの運営方法に反対する闘いを率いた。アパルトヘイトは人種によって人々を分断し、黒人の多くの権利を否定していた。

南アフリカ初の、黒人が経営する法律事務所を設立した。

私はアパルトヘイトを終わらせようとして、27年間を刑務所で過ごしました。1990年に釈放されると、白人の支配を終わらせて平和的に国を再建するための試みを率先して行いました。

1993年にノーベル平和賞を受賞。

ネルソン・マンデラ
革命指導者、南アフリカ初の黒人大統領
(1918〜2013)

今も、世界をより良い場所にするためにたくさんの弁護士が活躍している。
君の名前がこのリストに加わる日が来るかもしれない……。

イェトネバーシュ・ニグーシは、〈障害と発達のためのエチオピア・センター〉を設立した。

ルイス・ビューは海事法弁護士であり、南極海に世界最大の自然保護区を作ることに貢献した。

アナ・マリア・アルボレダ・ペルドモは、法的なサービスを受ける余裕のない人々に法律扶助を提供する〈プロボノ・コロンビア財団〉のディレクターだ。

どうして法が大切なの？

法が自分たちと無関係ではないと、今ならわかると思う。
法は私たち全員に関わっているんだ。法は、人々がしていいこととしてはいけないことを、
そして物事がうまくいかない時にどうなるかを説明している。
だから、法について知り、理解することは、法がすべての人のために
きちんと機能していることを確かめるのに、本当に大切なことなんだ。

用語集

ここでは、この本で使われているいくつかの言葉について説明する。
傍点がついている単語は、他の項目で説明されている。

か

起訴
①刑事訴訟において、検察官が犯罪で告発された人を裁判にかけるために、法律を利用すること。英語では"prosecute"にあたる。②民事訴訟において、人や組織を訴えること。英語では"sue"にあたる。

刑罰
悪いことをした人に与えられる罰。例えば罰金など。

刑法
他人に危害を加えたときにどうなるかを規定する法律。

契約
あることをする、またはしない、ということについての、人同士の合意のこと。

憲法
組織や国の運営方法についての基本的なルールや法。

控訴
下級裁判所の判決を、上級裁判所がもう一度検討すること。

さ

最高裁判所
多くの国で、最も大きな力を持つ裁判官の集団のこと。

最上級裁判所
各国たった一つの裁判所。法に関する最終判断を行って訴訟の幕を引く。国によって最高裁、憲法裁判所などと呼ばれ、日本では最高裁判所がこれにあたる。

罪状認否
裁判の一部で、被告人が、ある犯罪について自分が「有罪」または「無罪」であると宣言すること。

裁判
ある事件について話し合うために人々が集まること。ふつうは裁判所で、裁判官や陪審員が決着をつける。

裁判官
裁判所を運営し、法に関する決定を下す権限を持つ人。

裁判所
裁判を行う権限を持つ場所や人々のグループのこと。

差別
例えばジェンダーや年齢など、その人のありかたに関係することを理由に、その人を不当に扱うこと。

証拠
裁判で何かを証明したり反証したりするのに役立つもの。

証人
裁判中に質問に答えるために呼ばれる人。

条約
政府や国家のあいだで結ばれる協定。

人権
食べ物や住居のような、すべての人が持つべき権利のこと。

審問
裁判に似ているけれど、一般的にもっと短く、形式ばらないような審議。

は

賠償金
傷つけられたことに対する償いとして被害者に支払われる金銭。

陪審員
ある種類の裁判で評決を下す、無作為に選ばれた人々のグループ。

判例法（英米法）
過去の裁判での裁判官の判決が元になった法体系。

被告人
犯罪を犯したとして訴えられたけれど、まだ有罪にはなっていない人。

評決
裁判で下される最終的な結論のことで、ふつうは裁判官あるいは陪審員が最終決定をする。

法律扶助
政府が法律手続きにまつわる費用を人々に援助すること。

ま

民法
人や会社、組織同士の関わりにまつわる法律。

さくいん

あ

アメリカ（アメリカ合衆国）18, 26, 29, 35, 44, 46, 53-54, 64, 68-69, 74, 92, 98-99, 101, 111, 118, 122-123
イギリス（イングランド）9-10, 12, 15, 18, 20, 22-23, 33, 39, 46-49, 53, 56-57, 64, 73, 84-86, 92, 94, 97, 101, 118, 121-122
イスラム法 45-47
イラン 68-69, 122
インターセクショナリティ 83
インターポール 72-73
インド 37, 47, 92, 101, 122
オーストラリア 39, 47, 101

か

改正 11, 37, 53, 54
過失 33
家族法 36
活動家（アクティヴィスト）37, 39, 84
慣習 11, 45, 54, 63
慣習法 45-47
議会 44, 46-47, 50-51, 53, 56-57, 59
行政府 58-59
警察 5, 13-14, 16-18, 72-73, 86, 88, 94, 98-99, 105, 107, 110, 116, 119
刑法 15, 32, 47, 125
刑務官 120
刑務所 5, 13, 19, 26-27, 104-105, 120, 123
契約 7, 30, 34-35, 100, 125
結婚 11, 30, 36-37, 55, 123
検察官 18, 20-22, 25, 125
憲法 42-43, 52-59, 112, 125
権利 7, 36-39, 55, 59-60, 63, 66-67, 75-82, 84-87, 93, 103, 111-112, 122-123, 125
抗議活動 122
更生 26-27
公平な裁判 73, 78
控訴 28-29, 125
国際犯罪 72
国際法 61-64, 66-71, 73
告発 9, 18-19, 35, 68, 81, 96, 118, 125

国連 64-67, 78
古代エジプト 8
古代ローマ 8-9

さ

最高裁判所（最高裁）39, 44, 53, 55-57, 101, 125
財産権 37
財産法 38
最上級裁判所 29, 33, 58-59, 101, 125
罪状認否 19, 125
裁判 13, 17-26, 28-29, 32, 36-37, 39-42, 44, 48-49, 55-57, 69, 73, 78, 80, 83, 90, 95, 97, 116-118, 125
裁判官 5, 9, 14-15, 19-20, 23, 25-29, 33, 36, 43-44, 48-49, 57-59, 65, 69, 80, 87-89, 91, 95, 100-101, 117, 121-122, 125
裁判所 8-9, 13, 17, 19-20, 23, 28-29, 32, 34-36, 41, 45, 56, 65, 68, 82-83, 89-90, 94, 96-97, 108-109, 111-112, 116, 119, 121, 125
詐欺 32
差別 76, 79, 82-84, 86-87, 92, 96, 125
自衛 64, 70
死刑 26-27, 92
市民的不服従 85
社会奉仕命令 26-27
宗教法 47
ジュネーブ条約 71
障害 82, 84-85, 91, 100, 123
証拠 8-9, 16-22, 25, 28-29, 84, 108-109, 118, 125
証人 20, 22, 28, 108, 117, 125
条約 59, 62-64, 71, 74, 125
植民地化 39, 67
所有権 113
新型コロナウイルス感染症（COVID-19）72
人種差別 55, 91, 98-99
信託 113
人道に対する罪 65
スコットランド 18, 33, 46, 57, 107
正義 9, 88-92, 94, 96-97, 99, 106-107

正義の女神 9
制裁 64
世界人権宣言 63
窃盗 10, 12
戦時国際法 71
先住民 39, 101
戦争 53-54, 56, 60, 63-64, 67, 70-71
戦争犯罪 65, 71
訴追 18

た

逮捕 7-8, 13-14, 17, 73, 85-86, 122
多様性 100-101
知的財産 40
仲裁 69
調停 69
調停人 41
著作権 40
テクノロジー 110-111
ドイツ 35, 47, 58-59, 72, 92
討論 51
特許 40
奴隷制 54, 65, 93

な

ニュージーランド 47, 80, 112

は

賠償金 27, 34-35, 90-91, 96, 125
陪審員 15, 19-26, 28-29, 95, 109, 117, 125
罰金 5-6, 9, 26-27, 110, 125
判決 13, 28-29, 33-34, 39, 44, 48-49, 55-56, 59, 68, 80, 82, 95, 101, 112, 125
犯罪 15-19, 22-27, 29, 54, 65, 68, 73, 79, 94, 105-107, 109-110, 125
犯罪人引渡し 73
判例法（英米法）44, 46-48, 125
被告人 19-20, 23, 25, 32, 65, 117, 125

ヒトラー, アドルフ 59, 92
表現の自由 76, 80-81
不法行為 32-33
プライバシー 102, 111
ブラウン, リンダ 55
フランス 46-47, 50-51, 64, 122
プロボノ 97
ヘイトスピーチ 81
弁護士 8, 15, 17, 20, 22-23, 28-29, 33, 36,
48, 55, 65, 83, 85, 87, 89, 91, 95-97, 101-
102, 107-109, 114, 117-119, 120-123
法制度 44-47, 69, 91, 94-95, 100, 103, 120
法曹 101
法典 44, 47
法の支配 59
法律扶助 97, 123, 125
暴力 6-7, 66, 77, 87, 94, 99, 105-107
法令 56
保釈審問 14, 19
補償金 93

ま

マーシャル, サーグッド 123
マンデラ, ネルソン 40, 123
南アフリカ 40, 46-47, 122-123
民法 31-32, 47, 125
無罪 9, 13, 19-20, 25, 29, 109, 117, 125
名誉毀損 32, 81, 95

や

有罪 8-9, 18-26, 28-29, 32, 48, 65, 100,
102, 108-109, 125
養子縁組 36

ら

立法府 44, 58-59
領海 75
量刑審問 19

日本語版監修者・訳者について

日本語版監修

山本龍彦 （やまもと・たつひこ）

慶應義塾大学法科大学院教授。慶應義塾大学グローバルリサーチインスティテュート（KGRI）副所長。専門は憲法学、情報法学。慶應義塾大学法学部卒業。同大学院法学研究科博士課程単位取得退学。博士（法学、慶應義塾大学）。ワシントン大学ロースクール客員教授、司法試験考査委員などを歴任。現在、内閣府消費者委員会委員、デジタル庁・経済産業省「国際データガバナンス検討会」座長、総務省「デジタル空間における情報流通の健全性確保の在り方に関する検討会」座長代理などを務める。著書に『〈超個人主義〉の逆説──AI社会への憲法的警句』、共著書に『デジタル空間とどう向き合うか』、編著書に『AIと憲法』がある。KDDI Foundation Award 本賞受賞（2021年）。

日本語版監修協力

入井凡乃 （いりい・なみの）

慶應義塾大学グローバルリサーチインスティテュート（KGRI）所員。専門は憲法学。慶應義塾大学法学部卒業。同大学院法学研究科博士課程単位取得退学。主要業績は「立法者の事後的是正義務の法的構造──ドイツの判例・学説を中心に」法学政治学論究139号（2023年）。

小松広 （こまつ・ひろ）

東京ガスアメリカ社 Development Director。2009年早稲田大学法学部卒業、同年東京ガス株式会社入社。2016年ワシントン大学ロースクール卒業。米国ワシントン州弁護士。東京ガス法務部にて約10年間一般企業法務、紛争対応、M&A等を担当。2024年4月より現職。

遊間洋行 （ゆうま・ひろゆき）

東京家庭裁判所判事補。2013年3月、慶應義塾大学法科大学院修了。同年9月に司法試験に合格し、2015年1月判事補任官。札幌地方裁判所判事補、さいたま家庭裁判所判事補のほか、米国留学、行政官庁への出向等をへて、2022年4月より現職。

訳

川野太郎 （かわの・たろう）

1990年熊本生まれ。翻訳家。訳書にノーマン『ノーザン・ライツ』、ミレット『子供たちの聖書』（以上、みすず書房）、ボットナー／ヒューズ『ぼくのカメはどこ？』、ロブレヒト／ドレイパー『ぬいぐるみきゅうじょたい』（以上、岩崎書店）、スタージョン『夢みる宝石』（筑摩書房）などがある。

いやあ、おもしろかった。
法律ってアツい学問なんだね

あいかわらず熱しやすいのね。
すぐに冷めないといいけど

ぼくはすっかり、法の虜(とりこ)だよ

法はあなたを縛(しば)りはしないわ

うーん、比喩(ひゆ)的な意味でだよ……

なんか食い違(ちが)うわね

それこそ法の出番だ。
意見の違いを整理する方法だって
教えてくれる

それなら私も読んでみるわ。
あとでゆっくり議論しましょう

おや、こんなところに「著作権法」が。
この本のどこかで見たような……

LAW FOR BEGINNERS
by Lara Bryan, Rose Hall
Illustrated by Anna Hardinge, Miguel Bustos

Copyright © 2021 Usborne Publishing Limited
Japanese translation rights arranged with Usborne Publishing Limited, London
through Tuttle-Mori Agency, Inc., Tokyo

世界基準の教養 for ティーンズ　はじめての法律
2024年12月30日　初版発行

文：ララ・ブライアン
　　ローズ・ホール
絵：アンナ・ハーディ
　　ミゲル・ブストス
日本語版監修：山本龍彦
　　　　　訳：川野太郎
日本語版デザイン：渋井史生
発行者：小野寺優

発行所：株式会社河出書房新社
　　　〒162-8544 東京都新宿区東五軒町2-13
　　　電話 03-3404-1201（営業）　03-3404-8611（編集）
　　　https://www.kawade.co.jp/
組版：株式会社キャップス

Printed in UAE　ISBN978-4-309-62274-3　　日本語版監修協力：入井凡乃、小松広、遊間洋行

落丁本・乱丁本はお取り替えいたします。
本書のコピー、スキャン、デジタル化等の無断複製は著作権法上での例外を除き禁じられています。
本書を代行業者等の第三者に依頼してスキャンやデジタル化することは、いかなる場合も著作権法違反となります。